Vittorio Hösle

Mit dem Rücken zu Russland

Der Ukrainekrieg und die Fehler des Westens

Mit einem Geleitwort von Theo Waigel

© Coverbild:
Max Kantor, Travelling Comedians (2015), Öl auf Leinwand, 196×306

Die Deutsche Nationalbibliothek verzeichnet diese Publikation in der Deutschen Nationalbibliografie; detaillierte bibliografische Daten sind im Internet über http://dnb.d-nb.de abrufbar.

ISBN 978-3-495-99940-0 (Print)
ISBN 978-3-495-99941-7 (ePDF)

Onlineversion
Nomos eLibrary

1. Auflage 2022
© Verlag Karl Alber – ein Verlag in der Nomos Verlagsgesellschaft mbH & Co. KG, Baden-Baden 2022. Gesamtverantwortung für Druck und Herstellung bei der Nomos Verlagsgesellschaft mbH & Co. KG. Alle Rechte, auch die des Nachdrucks von Auszügen, der fotomechanischen Wiedergabe und der Übersetzung, vorbehalten. Gedruckt auf alterungsbeständigem Papier (säurefrei). Printed on acid-free paper.

Besuchen Sie uns im Internet
verlag-alber.de

*Meiner Schwester Adriana Borra,
mit der ich seit 1991 Fragen zum
gerechten Krieg diskutiert habe*

Geleitwort

Mit diesem Buch konstatiert Vittorio Hösle die Realität der gegenwärtigen Weltkrise, die er schon vor Jahren in Büchern, Aufsätzen und Interviews voraussagte. Mit historischen Bezügen, wissenschaftlicher Akribie, philosophischer Tiefe und politischer Klarsicht beschreibt er den politischen Weg Russlands und seines Präsidenten in den letzten Jahrzehnten. Vittorio Hösle kennt die Quellen und die ideologischen Rechtfertigungen der Politik Putins, auf die er immer wieder hingewiesen hat, die aber in der politischen Diskussion Deutschlands nicht zur Kenntnis genommen wurden. Es geht um die Zukunft Europas und der Welt angesichts des Krieges in der Ukraine. Hösle bewegt sich dabei nicht in der Sphäre akademischer Betrachtungen, sondern zeigt auf, wie Politik funktioniert, wie Putin reagiert und welche Strategie Europas und der USA den Autokraten in Schach halten kann. Es fehlt nicht an Bezügen zu den Angriffskriegen des letzten Jahrhunderts, den geopolitischen Begleittexten und den plumpen philosophisch-theologischen Rechtfertigungsversuchen der Kriege gegen Nachbarländer. Von erschütternder Wirklichkeit der Vergleich von Jelzin und Putin mit Hindenburg und Hitler. Hösle beschreibt, mit welch kaltblütiger Intelligenz Putin die Schwäche Europas analysierte, die Spaltung Amerikas kalkulierte und seine Niederlagen in Afghanistan und im Irak in seine langfristige Strategie einbezog. Nachdem seine Versuche, die alte Vorherrschaft Russlands wiederzugewinnen, diplomatisch scheiterten, die ökonomische Entwicklung Russlands stagnierte und die Länder im früheren Machtbereich der Sowjetunion sich Europa und der NATO zuwandten, greift er zum letzten Mittel der militärischen Intervention mit der Drohung der Atommacht im Hintergrund. Mit der Energieabhängigkeit Deutschlands und Italiens von Russland erwartet Putin eine innenpolitische

Blockade in diesen Ländern. Die Selbsttäuschung der westlichen Länder bestand im frommen Glauben, der Lauf der Geschichte werde im Welthandel und nicht mehr in Kriegen bestehen. Hösle scheut nicht die Definition und die klare Konsequenz des gerechten Kriegs, nämlich Unrecht abzuwehren und dem Angegriffenen zu Hilfe zu kommen. Eine Appeasement- Politik in Raten, wie die Ablehnung des NATO-Beitritts der Ukraine 2008, fand bei Putin weder Anerkennung noch Dank. In einer solchen Situation ist es notwendig, mit China zu kooperieren, weil ein großer Krieg nicht im Interesse dieses aufstrebenden Landes sein kann. Putin habe jetzt zugeschlagen, weil die Zeit gegen ihn arbeitet, China sich weit stärker entwickelt als Russland und Amerika sich nach Trump wieder stärker Europa zuwendet. Hösle zeigt auf, wie man dem Aggressor strategisch begegnen soll. Dieser muss wissen, dass er einen hohen Preis bezahlt und die Rückkehr zum Völkerrecht und dem Ausgleich mit den anderen Nationen lohnender ist als ein grausamer Krieg mit seinen furchtbaren Verlusten.

Somit trägt Hösle zur Klarheit und Wahrheit der politischen Diskussion in Deutschland und Europa bei. Das Buch sollte zur Pflichtlektüre der politisch Agierenden avancieren.

Dr. Theo Waigel
Bundesminister a.D.

Inhaltsverzeichnis

Geleitwort 7

1. Vorwort 11

2. »Stell dir vor, es ist Krieg, und nur eine Seite geht hin. Die andere wird dann eben niedergemacht.«
   Interview mit Vittorio Hösle über den Ukrainekrieg, die Fehler des Westens und das Russland Tolstois und Putins . . . 13

3. Macht und Expansion – Warum das heutige Russland gefährlicher ist als die Sowjetunion der 70er Jahre . . . 121

   Die Achtung vor dem Rechtssystem zerbrach 124

   Russlands nationalistische Ideologie 127

   Was tun? 133

4. Die große Zäsur: Putins Eroberungskrieg 137

   Warum kommt der Krieg gerade jetzt? 140

   Machtmensch ohne Grenzen 141

   Was also tun? 143

   Menschenleben zählen kaum 145

   Aufgeben ist keine Lösung 147

5. Der Maler als Prophet 149

Abbildungsverzeichnis 157

1. Vorwort

Damit die Zeitenwende, von der seit Februar viel die Rede ist, von Dauer sei, muss man verstehen, wie es zu dem russischen Angriffskrieg auf die Ukraine gekommen ist, welchem Plan er entsprungen ist, warum er nicht so schnell erfolgreich war, wie die Russen erhofft hatten, und wie es weitergehen könnte. Man muss insbesondere klare, über das Tragen blaugelber Kleider hinausgehende Ideen haben, was die moralisch richtige Reaktion auf diesen Krieg ist. Ich danke Dr. Martin Hähnel, einem Philosophen mit beachtlichen slawistischen Kenntnissen, für eine Fülle kluger Fragen, die dem Hauptteil dieses Buches, einem Interview, zugrunde liegen, in dem politikwissenschaftliche, ethische und kulturhistorische Probleme diskutiert werden, die die Natur dieses Krieges besser erklären können. Das Interview wendet sich an ein breiteres Publikum, daher erzähle ich auch zahlreiche persönliche Anekdoten und gebe nur für wenige Fakten Belege, auch wenn alle genau recherchiert wurden. Eine Bibliographie schien bei einem solchen Buch nicht angemessen. Der Sprachton ist kolloquial gehalten, auch wenn ich das Interview, das am 30. März per Zoom geführt wurde, stark überarbeitet und bis Anfang Oktober um neue Informationen ergänzt habe. Die russischen Namen werden nicht nach der wissenschaftlichen Transkription, sondern nach der normalen deutschen Schreibweise wiedergegeben.

Das Buch enthält zudem zwei Aufsätze von mir, die ich 2015 und 2022 zur Annexion der Krim und zum Ausbruch des großen Kriegs in den »Blättern für deutsche und internationale Politik« veröffentlicht habe. (Auf den ersten entgegnete Erhard Eppler im Heft 7/2015 der »Blätter« unter dem Titel »Demütigung als Gefahr«.) Sie sind gegenüber meiner originalen Fassung nicht verändert worden, auch wenn im Text von 2015 sich ein Fehler findet:

Dugins »Grundlagen der Geopolitik«, so schrieb ich, nachdem ich den WorldCat konsultiert hatte, sei nichts in Deutsche übersetzt worden. In Wahrheit gibt es seit langem eine deutsche Übertragung, allerdings nur in einem kleinen rechtsradikalen Verlag, aus dem Universitätsbibliotheken offenbar nicht bestellen. Ich habe aber meinen Text nicht ändern wollen, damit er als Zeitdokument erhalten bleibt. So mag er zeigen, wieviel von dem, was noch kommen sollte, vorhersehbar war.

Ferner findet sich ein Vorwort zur Ausstellung von Maxim Kantor »The Rape of Europe«, die im *Musée national d'histoire et d'art* in Luxemburg vom April bis Oktober 2022 zum Ukrainekrieg stattfand. Eine englische Fassung erschien im Katalog, den man benutzen muss, wenn man die Bilder betrachten will, auf die ich anspiele. Aber das Umschlagbild dieses Buches sowie seine Illustrationen geben einen Geschmack von Kantors Kunst, dem für die Abdruckerlaubnis herzlich gedankt sei. Ich halte ihn für den bedeutendsten lebenden russischen Maler – einen genialen Seismographen der Veränderungen in seiner Heimat, der auch als Romancier und Essayist das genau vorhergesagt hat, was eingetreten ist. Seit 1990 habe ich aus Gesprächen mit ihm, zunächst in seinem Moskauer Atelier, alsdann in Deutschland, Italien und den USA, unendlich viel gelernt, auch wenn unsere Bewertungen der gegenwärtigen Situation in manchem von einander abweichen. Meine Freundschaft mit ihm sowie anderen Russen zeigt, dass ich nicht russophob bin. Aber ich bekenne mich schuldig, putinophob zu sein.

Sehr dankbar bin ich ferner Herrn Bundesminister a.D. Dr. Theo Waigel für viele politische Gespräche und sein so freundliches, mich ehrendes Geleitwort.

Vittorio Hösle   im November 2022

2. »Stell dir vor, es ist Krieg, und nur eine Seite geht hin. Die andere wird dann eben niedergemacht.«

Interview mit Vittorio Hösle über den Ukrainekrieg, die Fehler des Westens und das Russland Tolstois und Putins

Nach dem Überfall Russlands auf die Ukraine am 24. Februar 2022 führten der an der amerikanischen Universität von Notre Dame lehrende deutsche Philosoph Prof. Dr. Vittorio Hösle und der Programmverantwortliche des Verlags Karl Alber, Dr. Martin Hähnel, ein langes Interview über die historisch-politischen Ursachen, die kulturell-ideengeschichtlichen Hintergründe und die gesellschaftlichen Folgen und Herausforderungen des Ukrainekriegs. Das Interview stellt eine pointierte Aktualisierung und Relektüre des Vorgängerbuchs von Vittorio Hösle »Globale Fliehkräfte – Eine geschichtsphilosophische Kartierung der Gegenwart« (Karl Alber 2021) dar.

Martin Hähnel:

Lieber Professor Hösle. Wir freuen uns, dass Sie sich die Zeit genommen haben, mit uns ein Interview über den aktuellen Ukrainekrieg, seine Entstehung, seine politische Einordnung und seinen möglichen Fortgang zu führen. Lassen Sie unser Gespräch gleich mit einer aktuellen Beobachtung beginnen: Es ist gerade festzustellen, dass die menschliche Einstellung, solidarisch mit seinen Mitmenschen (i. d. F. mit dem ukrainischen Volk) zu sein, immer mehr Konkurrenz von einer anderen ebenfalls menschlichen Einstellung, für sein eigenes Wohl zu sorgen, bekommt und auch immer mehr die Frage vergessen lässt, wie es eigentlich zu diesem Krieg, der jetzt schon mehrere Monate anhält, kommen konnte und welchen Anteil wir als Deutsche und Europäer an der letztlich wohl von Putin gewählten Form des Krieges haben.

Nun scheint es auf den ersten Blick und inmitten aufgeheizter Debatten zu der Frage, wie die Ukraine derzeit weiter unterstützt werden kann oder wie man durch den Winter kommt, ohne zu frieren, vielleicht nicht ganz so angemessen, philosophisch nach den Gründen für diesen Krieg zu fragen. Doch lassen sich hier interessante, auch philosophisch zu ergründende Entwicklungslinien erkennen, die ideen- und kulturgeschichtlich mitunter weit zurückreichen und das von den Medien gelieferte tagesaktuelle Bild von den schrecklichen Ereignissen in der Ukraine beeinflussen und gegebenenfalls in ein neues Licht zu rücken vermögen. In Ihrem Buch »Globale Fliehkräfte«, wozu der aus diesem Interview hervorgehende Band als philosophischer Nachtrag verstanden werden kann, haben Sie ja bereits erfolgreich versucht, die großen historischen Entwicklungen und aktuellen Verschiebungen politisch-gesellschaftlicher Kräfteverhältnisse nachzuzeichnen und in ein kohärentes geschichtsphilosophisches Erklärungssystem zu überführen. Neben diesem eher theoretischen Zugang haben Sie aber auch persönlich prägende Erfahrungen, z.B. mit Russland und seiner Kultur, gemacht. Sie sind von Geburt an mit Deutschland eng verbunden und haben den nicht zu unterschätzenden Vorteil, mit der notwendigen (kritischen) Distanz über den »großen Teich« auf Europa und Deutschland zu blicken. Wie sehen Sie die aktuellen Geschehnisse auf dem europäischen Kontinent, vor allem in der Ukraine und in Deutschland?

2. Interview mit Vittorio Hösle über den Ukrainekrieg

Abb. 1: Travelling Comedians (2015)

Vittorio Hösle:

Zunächst einmal möchte ich sagen, dass selbstverständlich das Allerwichtigste tätige Hilfe gegenüber den ukrainischen Flüchtlingen und auch gegenüber dem ukrainischen Volk ist, das einen heldenhaften Kampf kämpft, in dem es keineswegs nur um die Ukraine geht. Es geht letztlich um die Zukunft Europas und um die Zukunft der Welt. Und all diese konkreten Leistungen, der sich im Kampf Befindenden wie der solidarisch Helfenden, sind viel wichtiger als die Philosophie.

Allerdings ist es so, dass die Philosophie auch nicht unnütz ist, weil die Philosophie erlaubt, analytische Kategorien bereitzustellen, die uns häufig befähigen, Zukünftiges präziser vorauszusehen und klarere Szenarien zu entwerfen, als wenn wir nur in der Routine des konkreten Handelns stehen. Und insofern ist es keine schlechte Idee, sich mit einem Philosophen über diese Fragen zu unterhalten; denn die Philosophie hat einerseits in der Ethik ein wichtiges Gebiet, andererseits hilft sie allgemein bei der kategorialen Durchdringung der Wirklichkeit, zumal der sozialen Wirklichkeit und der Geschichte. Natürlich kann die Philosophie mit den Kategorien, die sie erarbeitet, konkrete Probleme sinnvoll nur behandeln, wenn sie auch über gewisse empirische Kenntnis verfügt. Und ich darf solche empirische Kenntnis deswegen in Anspruch nehmen, weil ich 1990 vier Monate in der Sowjetunion verbracht habe.

Hähnel:

Erzählen Sie doch etwas über die letzten Jahre der Sowjetunion, wie Sie sie 1990 erlebten!

Hösle:

Gerne! Das war damals die Zeit der Glasnost und Perestroika, was transparente Öffentlichkeit und Umbau bedeutet, und das Institut für Philosophie der Akademie der Wissenschaften der Sowjetunion, das ein sehr wichtiges Institut war innerhalb der Akademie der Wissenschaften, weil sich ja das politische System »philosophisch« legitimierte, begann, westliche Intellektuelle einzuladen. Diese vier Monate in Moskau waren für mich eine unglaublich wichtige Erfahrung, vielleicht die glücklichsten Monate meines Lebens. Warum? Ich bin in Regensburg seit meinem neunten Lebensjahr aufgewachsen, also nicht weit weg vom Eisernen Vorhang. Man hatte natürlich ständig Angst vor einer möglichen sowjetischen Invasion und blickte mit Sorge, ja, Angst auf den großen Nachbarn im Osten. Und als ich 1990 in Moskau war, hatte ich den Eindruck des Endes dieser Bedrohung, gleichsam einer Eisschmelze, wenn ich einen Terminus aus den Sechzigerjahren abwandeln darf. Um die Öffnung der sowjetischen Kultur unter Chruschtschow auszudrücken, der ja auf den 20. Parteitag von 1956 die Verbrechen Stalins aufs schärfste kritisiert und eine gewisse Liberalisierung des sowjetischen Systems eingeleitet hatte, sprach man damals von Tauwetter (*оттепель*). Ich erinnere mich noch genau: Als ich im März in Moskau eintraf, schneite es noch oft den ganzen Tag, und als im Laufe des Aprils der Frühling einzog und Eis und Schnee verschwanden, spürte man einen wachsenden Freiheitswillen, und im Juli wurde schließlich die deutsche Einigung beschlossen; der Kalte Krieg schien beendet und für immer der Vergangenheit anzugehören.

Die weltweite Begeisterung für Michail Gorbatschow wurde natürlich auch dadurch verstärkt, dass er eine lähmende Zeit der Stagnation zu beenden schien, wie sie seit den letzten Jahren Leonid Breschnews das Land charakterisierte, der von 1964 bis 1982 Erster bzw. Generalsekretär des Zentralkomitees der Kommunistischen Partei der Sowjetunion war. Auf ihn folgte Juri Andropow, der als früherer KGB-Chef die Lage im Lande richtig einschätzte und einige wichtige Reformen wollte, doch zu krank war, um sie durchzusetzen – er blieb nur 15 Monate im Amt. Zwischen seinem Tode im Februar 1984 und dem Amtsantritt Gorbatschows im März 1985 fiel die noch kürzere Amtszeit Konstantin Tschernenkos, der noch älter war als Andropow und sehr bald krankheitshalber ausfiel. Als er wenige Wochen vor seinem Tode zum vorletzten Mal wieder in der Öffentlichkeit erschien, und zwar zu einem jener sowjetischen Urnengänge ohne wirkliche Wahl, mit einem masken-, ja zombiehaften Gesichtsausdruck und von einem Politbüromitglied mehr gezogen als sich noch selbständig bewegend, wurde die sowjetische Gerontokratie in ihrer Gebrechlichkeit und Hinfälligkeit allen sichtbar. In Moskau kursierte hinter vorgehaltener Hand ein Witz, der in etwa besagte, das Politbüro beehre sich mitzuteilen, der Genosse Konstantin Tschernenko habe nach langer und schwerer Krankheit und ohne das Bewusstsein wiederzuerlangen – wieder die volle Kontrolle über die Regierungsgeschäfte unseres großen Landes übernommen. Eine zynische Einstellung gegenüber diesem System war schon in den 1970er Jahren zumal bei der Jugend weit verbreitet. Karen Schachnasarows subtiler Film von 2008 »Verschwundenes Reich« (*Исчезнувшая империя*) erfasst auf brillante Weise die Desillusionierung der Jugend, die in den 1970er Jahren an der Pädagogischen Staatlichen Universität Moskau studiert – während einer patriotischen Vorlesung wird ein Koitus vollzogen, die Studenten stellen sich johlend vor das kopulierende Paar, und die dumme Lehrerin merkt nichts oder tut wenigstens so. Das intellektuelle Niveau der Professoren an den Parteihochschulen war ähnlich niedrig; beliebt war der Witz, einer von ihnen erkläre regelmäßig seinen Studenten: »Ich wiederhole es zum letzten Mal – Karl Marx und Friedrich Engels waren nicht Mann und Frau, sondern vier völlig unabhängige Individuen.«

Der Aufstieg des schon an sich höchst erstaunlichen Gorbatschow, der tief in den besten russischen und sowjetischen Werten verwurzelt war und universalistisch dachte, wurde noch erstaunlicher, wenn man den neuen Generalsekretär mit seinem unmittelbaren Vorgänger kontrastierte. Meine Bewunderung, ja, Verehrung für diesen großen Menschen und Politiker ist geblieben, auch wenn er nicht das erreicht hat, was er sich vorgenommen hatte, eine Liberalisierung der Sowjetunion bei Erhalt ihrer territorialen Integrität. Aber sein Beitrag zum (wenigstens vorläufigen) Ende des Kalten Krieges, zur weltweiten Abrüstung und zur Senkung des Risikos eines Atomkrieges für zumindest drei Jahrzehnte sichert ihm einen höchst ehrenvollen Platz in der Weltgeschichte – abgesehen von der Dankbarkeit, die Ost- und Mitteleuropäer einschließlich der Deutschen ihm schulden, weil er ihnen wieder ein Leben in einem freiheitlichen Rechtsstaat ermöglicht hat.

Hähnel:

Bleiben wir noch ein bisschen bei dieser »oral history«, da diese wertvollen persönlichen Erfahrungen von 1990 in Moskau, während dieser so bedeutenden Achsenzeit, sicherlich in irgendeiner Weise in Ihre Arbeiten eingegangen sind. Ich selbst war leider noch nicht wie Sie länger in Russland. Meine Berührungen mit Russland waren eher indirekt-sporadisch und wurden meist von einem faszinierenden und erschreckenden Unbehagen begleitet. Als Kind, das bis zu seinem zehnten Lebensjahr in der ehemaligen DDR, an der Grenze zum heutigen Tschechien, gelebt hat, beschränken sich meine Russlandbezüge und -erfahrungen auf Teestunden in der Grundschule vor einem schmuckvollen Samowar, Begegnungen mit kinderfreundlichen russischen Soldaten, die mir Süßigkeiten zugesteckt haben, und höchst unpersönliche Briefe, die wir als Kinder an unbekannte Gleichaltrige, welche wohl irgendwo zwischen Moskau und Nowosibirsk gelebt haben, zum Zeichen der deutsch-sowjetischen Freundschaft mehr schlecht als recht verfassen mussten. Meine Faszination galt später vor allem der russischen Literatur und auch der kyrillischen Schrift und russischen Sprache, die ich sechs Jahre erlernen durfte. Als ich dann während meiner Studienzeit in Dresden gewohnt habe, bin ich immer wieder auf Spuren des Russischen, nicht zuletzt auch auf Spuren Putins, gestoßen. Neben dem von Neugier getriebenen Besuch der dortigen russisch-orthodoxen Kirche des Heiligen Simeon vom wunderbaren Berge sammelte ich unfreiwillig Anekdoten über diesen Mann, der sich als schlimmer Aggressor entpuppt hat. Von seinem Wohnhaus gegenüber dem Gebäude einer ehemaligen Stasibehörde, das jetzt eine Diskothek beherbergt, beobachtete er als damaliger KGB-Agent bekanntlich die friedliche Revolution in der DDR. In dem Dresdner Stadtteil, in dem ich einige Jahre gewohnt habe, erzählt man sich noch heute, dass Putin in der Kneipe an der Ecke stets zu Gast war und seine biographisch wohl belegten Unmengen von sächsischem Bier getrunken habe. Eine der Töchter Putins ist wohlweislich in Dresden geboren, und der russische Präsident lässt sich wohl noch immer zu Weihnachten Dresdner Christstollen über einen lokalen Konditor seiner Wahl, auf dessen Auslieferungsfahrzeug ich vor einigen Jahren gelesen habe, dass dieser sogar eine Filiale in Moskau gegründet habe, zuschicken. Wieso erzähle ich das? Ich frage mich nämlich, welches emotionale, mehr oder weniger biographisch geprägte Verhältnis man als Deutsche bzw. Deutscher momentan zu diesem Krieg vor der Haustür haben sollte und welche persönlichen Bewältigungsstrategien hier angebracht wären? Wie kann man die russische Lebensrealität uns Menschen aus dem Westen vermitteln, um auch die aktuellen Geschehnisse im Ukrainekrieg besser zu verstehen? Ihre Erfahrungen in Russland und mit Russen sind da sicherlich hilfreich. Wie war damals das allgemeine Klima und was kann man heute daraus ableiten?

Hösle:

Ich darf hier vielleicht mit einer Anekdote ansetzen. Ich war zu Vorlesungen sowohl an dem Institut für Philosophie der Akademie der Wissenschaften als auch später an der Lomonossow Universität und in verschiedenen Städten des Landes eingeladen, u.a. in Kiew, Minsk und Nowosibirsk. Ich reiste privat auch nach Vilnius, Leningrad usw. Untergebracht war ich wie alle ausländischen Professoren in einem großen Hotelkomplex im Südwesten Moskaus, dem Uzkoje. Die Anlage mit einem riesigen Park, in dessen Teichen ich ab Juni regelmäßig mit einem russischen Freunde schwimmen ging, gehörte seit dem 17. Jahrhundert bis zur Oktoberrevolution verschiedenen Familien des russischen Hochadels, u.a. den Tolstois und am Ende den Trubezkois, als deren Gast 1900 der wohl größte russische Philosoph, Wladimir Solowjow, in einem Saal starb, an dem ich jeden Morgen vorbeispazierte.

Natürlich war dieses Hotel völlig verwanzt, und jeder wusste, dass die Damen an der Rezeption für den KGB arbeiteten. Manche jungen Russen besuchten mich, weil sie meine Vorlesungen interessant fanden – von denen einige als *Philosophie der ökologischen Krise. Moskauer Vorträge* 1991 auch auf Deutsch herauskamen. Eine junge Dame, die eines Tages zu mir ins Zimmer trat, begann sofort, gegen das Regime zu schimpfen. Ich stand auf und schlug vor, in den Park zu gehen, denn ich wusste, dass wir abgehört wurden. Die Dame wusste es natürlich auch. Doch ich werde nie ihre Reaktion vergessen. Sie blickte zur Decke und sagte: »Ich weiß, dass ihr uns abhört, aber ich habe keine Angst mehr. Mir ist das gleichgültig, wenn ihr wisst, wie sehr ich euch hasse.« Und das war eine sehr symptomatische Reaktion. Die Leute hatten die Schnauze voll, und man konnte mit vielen Kollegen über alles ganz offen reden. Es herrschten große, große Erwartungen, auch von unserer, der westlichen Seite, aber nicht minder von den Russen selbst. Ich war im Juli noch in Moskau, also im Monat, als das berühmte Treffen zwischen Gorbatschow und Kohl im Kaukasus stattfand, bei dem die Wiederherstellung der deutschen Einheit endgültig festgemacht wurde. Und viele Russen gratulierten mir aufs herzlichste zu diesem bevorstehenden Ereignis! Man hatte den Eindruck, Russland, damals noch die Sowjetunion, könne gewiss nicht sofort und nicht ohne bedeutende Anpassungsschwierigkeiten, innerhalb von zwanzig Jahren den Weg zu einer relativ normalen europäischen

Gesellschaft finden. Das war die große Hoffnung 1990, die ich, begeistert und naiv, teilte wie fast alle anderen.

Trotz aller Enttäuschung denke ich immer noch mit einer gewissen Ergriffenheit an diese Zeit zurück. Nicht nur begründete ich dort meine Freundschaft mit dem Maler Maxim Kantor, der ja in diesem Buch auch vertreten ist, sondern ich lernte faszinierende Intellektuelle kennen. Einige dieser Philosophen, wie zum Beispiel der Direktor des Instituts für Philosophie der Akademie der Wissenschaften, Wjatscheslaw Stepin, oder die deutsche Philosophie unterrichtende Nelli Motroschilowa, oder etwa die die antike und frühneuzeitliche Wissenschaftsgeschichte vergleichende Wissenschaftshistorikerin Pjama Gajdenko, waren ganz hervorragende Wissenschaftler, und nicht nur das, sie waren auch außerordentliche Persönlichkeiten, denn sie hatten Jahrzehnte unter enormem Druck gearbeitet. Zum Beispiel hatte Stepin protestiert gegen den Einmarsch der Sowjetunion in die Tschechoslowakei 1968 und war dann aus seiner Position entfernt worden. Und er sagte mir: »Ich habe damals in einer kleinen Einzimmerwohnung gewohnt und musste in der Küche meine Arbeiten verfassen. Aber es war die glücklichste Zeit meines Lebens, weil ich völlig außerhalb von politischen Zwängen über die Fragen nachdenken konnte, die mich am meisten interessierten.« Das waren Menschen, die man einfach nicht vergisst. Großartige Intellektuelle, die nicht nur die russische Kultur bestens kannten, sondern zum Teil auch die deutsche Kultur gründlich studiert hatten und sehr liebten. Ich lernte sogar einen sowjetischen Kollegen kennen, der das, was er schrieb, auf Deutsch verfasste, übrigens keinem fehlerfreien Deutsch. Er begründete es so: »Ich schreibe nicht auf Russisch, denn ich kann nicht in der Sprache von Stalin schreiben.« Man nannte die Parteisprache *дубовый язык*, »Sprache aus Eichenholz«; im Westen übersetzte man das meist mit »Betonsprache«. Damit meinte man eine Sprache, die völlig versteift war unter der kommunistischen Diktatur.

Ein faszinierendes Erlebnis war eine sehr interessante Einladung, mit einigen Intellektuellen auf die Solowczki-Inseln im Weißen Meer zu reisen, wo 1920 das erste sowjetische Häftlingslager errichtet worden war und etwa der große Theologe und Philosoph

Pavel Florenski 1934–1937 inhaftiert war (er wurde Ende 1937 bei Leningrad erschossen). Viele russische Intellektuelle, darunter auch Minister der Sowjetregierung, nahmen an diesem Ausflug teil; manche trugen ein großes Kreuz, das aufgerichtet wurde als Zeichen der Reue über die Verbrechen gegenüber dem Christentum. 1990 wurde ich ferner eingeladen auf eine weitere »Mission«, so wurde sie genannt, einer Kreuzfahrt im Schwarzen Meer und im östlichen Mittelmeer. Ich war nur die Hälfte der Zeit dabei, aber lernte viele hochinteressante Leute kennen, etwa Mitglieder des Obersten Sowjets oder der Parlamente der einzelnen Republiken, darunter Intellektuelle von hohem Range wie den Slawisten Sergey Averintsev, der 1994 Professor in Wien und Mitglied der Päpstlichen Akademie der Sozialwissenschaften wurde. Auf dieser Reise begann ich mir zum ersten Mal Sorgen über Russlands Entwicklung zu machen. Einerseits erhielten wir auf dem Schiff die Nachricht, dass Alexander Men ermordet worden war. Men war ein liberaler, weltoffener orthodoxer Theologe, der versuchte, die Russisch-Orthodoxe Kirche in Richtung einer größeren Öffnung dem Westen gegenüber zu entwickeln. (Sein Sohn Michail war übrigens 2013–2018 russischer Bauminister.) Alexander Men wurde mit der Axt erschlagen, und bis heute weiß man nicht, wer ihn ermordet hat. Es gibt alle möglichen Theorien, die eine ist, dass er Material hatte, das die Russisch-Orthodoxe Kirche belastete, die ja, wie alle wissen, sehr stark vom KGB unterwandert war. Das war eine ganz schlimme Nachricht, weil sie zeigte, dass der russische Nationalismus innerhalb der orthodoxen Kirche große Angst hatte vor einer Annäherung an den Westen. Auf dem Schiff gab es natürlich auch sehr viele KGB-Mitglieder und Offiziere, die ihren eigenen Trainingsraum hatten, in dem sie regelmäßig übten. Eines Abends klopfte es an meiner Kajütentür.

Ein junger Mann kam herein und sagte: »Erlauben Sie mir, dass ich mich Ihnen vorstelle; ich bin für Ihre persönliche Sicherheit verantwortlich.« Ich fragte ihn: »Also vom KGB?« »Natürlich nicht«, war die schmunzelnde Antwort. Worauf ich lachte und sagte: »Nun gut, Sie sind also nicht vom KGB, sondern vom KKB – nicht vom *Комитет государственной безопасности*, sondern von einem *Комитет корабельной безопасности*, dem Komitee für Schiffs-Sicherheit.« Er lachte dann auch und wir hatten häufig Gespräche auf dem Schiff. Ich mochte ihn. Er war ein integrer Mann, und die offizielle Position des KGB damals unter Gorbatschow war genau entgegengesetzt derjenigen, die Wladimir Putin in den letzten Jahren öffentlich gemacht hat. Nämlich Lenin galt damals als der Mann, der von noblen Ideen geleitet war. Die größte Katastrophe sei dagegen mit Stalin gekommen. Putin hat das Narrativ dann umgedreht: Stalin sei derjenige, der die Verbrechen Lenins, die darin bestanden, dass er den Sowjetrepubliken Selbstständigkeit zugestand, auf großartige Weise wieder rückgängig gemacht habe.

Gleichzeitig beunruhigte mich, dass auf dem Schiff auch einige sehr zwielichtige Gestalten waren, die einen extremen russischen Nationalismus vertraten. Sie wollten zwar die Überwindung des Kommunismus, waren aber gleichzeitig von Verschwörungstheorien besessen. Ich erinnere mich an ein Gespräch mit einem Kollegen, der mir sagte, die Katastrophen der Welt seien auf die Juden und die Freimaurer zurückzuführen, Juden und Freimaurer hätten zumal den Kommunismus nach Russland gebracht. Das war eine ganz ähnliche Geschichte, wie man sie auch in Deutschland in der Nazizeit hören konnte. Bedenken Sie: Das war noch unter der Sowjetunion, auf einem Schiff, das voller KGB-Agenten war, und wurde mehr oder weniger öffentlich vertreten von russischen Intellektuellen. Man vergesse nicht, dass die ultranationalistische, antisemitische Organisation Pamjat seit 1980 in der Sowjetunion aktiv war, bei offensichtlicher Duldung seitens der Staatsmacht. Eine weitere Überraschung war, dass eines Tages auf einer Wandtafel Plakate mit Fotos der letzten Zarenfamilie befestigt wurden. Ich bin selbst kein Verehrer von Nikolaus II., dessen Starrsinn eine große Mitschuld an der russischen Katastrophe trägt. Natürlich ist es ein Verbrechen, dass man ihn und seine Familie ermordet hat. Aber ich fand es sehr merkwürdig, dass er 2000 mit seiner Familie von der Russisch-Orthodoxen Kirche heiliggesprochen wurde und dass schon 1990 manche der Kreuzfahrtteilnehmer mit tiefer Rührung auf seine Fotos blickten.

Auf dieser Reise habe ich also zum ersten Mal ein mulmiges Gefühl bekommen. Diese mulmigen Gefühle sind seitdem immer nur tiefer geworden. Im Sommer 1993, als ich nach Russland zu dem Weltkongreß der Philosophie, der in Moskau stattfand, zurückkehrte, spürte ich eine unglaubliche Wut unter den Leuten, mit denen ich sprach. Die Leute hatten die Sowjetunion verloren und mit ihr die Ideale, an die viele seit ihrer Kindheit aufrichtig geglaubt hatten, sie waren in außerordentlichen ökonomischen Schwierigkeiten und hatten kein Vertrauen in die Regierung mehr.

Sicher, das war schon am Ende des Kommunismus der Fall gewesen. Lassen Sie mich eine weitere Anekdote erzählen: Ich habe 1990 auch Leningrad besucht. Übrigens war das damals illegal, weil man, wenn man ein Visum für die Sowjetunion hatte, eigentlich nur in der Stadt bleiben konnte, für die das Visum ausgestellt war. Das war in meinem Falle Moskau. Wenn ich nach Kiew oder Minsk offiziell eingeladen wurde, konnte ich hinfahren, aber ich konnte eben nicht auf eigene Faust nach Leningrad fahren und somit auch nicht in ein Hotel gehen. Aber ich bin mit einem russischen Freund trotzdem gefahren (das Risiko war nicht mehr so groß, erwischt zu werden; die Regierung hatte andere und ernstere Probleme) und habe übernachtet bei dessen ehemaligem Offizier, einem Mann, der außerordentlich sympathisch und intelligent war, die Philosophie und die Mathematik liebte, u.a. die *Kritik der reinen Vernunft* Kants gelesen hatte und mir zum Abschied eine Geschichte der Zahlentheorie auf Russisch schenkte. (Der Beitrag der Russen zur Weltmathematik ist hochbedeutsam, und die Förderung mathematischen Denkens war ein wichtiges Anliegen des Staates. Es traf die Russen schwer, dass in den 1990er Jahren viele ihrer ausgezeichneten Mathematiker in den Westen, zumal die USA auswanderten, wo sie oft auch heute noch unterrichten – eine Form des Braindrains, die das Gefühl stärkte, vom Westen ausgenutzt zu werden, auch wenn es verständlich war, dass die russischen Intellektuellen bessere Arbeitsbedingungen suchten.) Im Juni waren die Leningrader Nächte kurz und noch kühl (ich schlief unter der Offiziersuniform meines Gastgebers, weil er nicht genügend Decken hatte), und ich unterhielt mich auch gerne mit seiner Frau. Sie wiederholte immer wieder, fast obsessiv, einen Satz, der mich sehr beeindruckte: »*они обманули нас*«, »sie haben uns betrogen.«Man habe uns erklärt, das sei der Weg ins Paradies, aber wir wissen jetzt alle, dass ihr im Westen viel besser lebt.

Hähnel:

Doch scheint die Enttäuschung der Russen sich sehr bald auf das liberale Experiment erstreckt zu haben?

Hösle:

In der Tat! Die Tragödie war, dass man 1993 genau dasselbe über die liberalen Reformen unter Jelzin hörte. Die von amerikanischen Ökonomen wie Jeffrey Sachs empfohlene Schocktherapie führte zu weitgehender Verelendung und teils zu Nostalgie nach der Sowjetunion, teils zu etwas noch viel Schlimmerem: dem Gefühl, man könne niemandem mehr trauen, denn man sei *zweimal* betrogen worden. Auf dieses Gefühl gibt es bei normalen Menschen nur zwei Reaktionen – Wut oder Zynismus, ggf. beides zugleich. Man kann das, was seitdem in Russland geschehen ist, kaum begreifen, wenn man nicht das Amalgam aus diesen beiden Einstellungen in Rechnung zieht.

Hinzukam ein drittes Gefühl – Demütigung durch den Westen. 1993 erblickte ich ein deutliches Menetekel an der Wand. Ich sah auf dem Roten Platz an der Mauer zum Kreml Veteranen aus dem Großen Vaterländischen Krieg, in dem das russische Volk auf heldenhafte Weise den verbrecherischen Angriffskrieg Hitlers abgewehrt hat, Greise nun, die damals einen Arm oder ein Bein verloren hatten, auf dem Boden sitzen und ihre Orden aus diesem Krieg verkaufen, weil sie keine Pension mehr hatten. Die Käufer waren lachende, Fotos schießende westliche Touristen. Ich sagte später zu Alexei Salmin, der damals Leiter einer der Abteilungen der Gorbatschow-Stiftung war und den ich in der Schweiz bei einer Tagung kennengelernt hatte. »Ich fürchte, es wird eine schreckliche historische Rache für das geben, was wir jetzt hier erleben.« Und ich werde nie den Blick, den er mir zuwarf, und seine nachdrückliche Zustimmung vergessen. Das konnte nicht gut ausgehen.

Es gab 1993 schon Irre wie Wladimir Schirinowski, dessen sogenannte Liberal-Demokratische Partei Russlands 1993 die stärkste Fraktion in der Duma wurde und trotz ihres Namens revanchistisch-faschistisch war. Und es war gleichzeitig hochgradig besorgniserregend zu sehen, wie Präsident Jelzin überhaupt nicht willens war, ernsthaft Kompromisse mit dem Parlament einzugehen. Ich erinnere mich an ein sehr gutes Gespräch in diesem Sommer 1993 mit einem ausgezeichneten marxistischen Philosophen, Wadim Meschuew, mit dem ich schon auf der Kreuzfahrt von 1990 längere Gespräche hatte. Er sagte mir: »Die eigentliche Frage ist jetzt der Konflikt zwischen dem Parlament und dem Präsidenten. Auf welcher Seite steht ihr im Westen eigentlich? Ihr behauptet doch, ihr seid für den Parlamentarismus. Werdet ihr das Parlament gegen Jelzin unterstützen, wenn es zu einem großen Konflikt kommt?« Nun war die Sachlage 1993 ja sehr schwierig, denn das Parlament war zu gutem Teil beherrscht von Altkommunisten und extremen Nationalisten, die nicht vertrauenerweckend waren. Insofern war die Entscheidung des Westens, Jelzin als das kleinere Übel anzusehen, durchaus verständlich.

Ich selbst habe diese Entscheidung auch in *Moral und Politik* unterstützt, weil ich keine Alternative zu Jelzin sah, obwohl ich Jelzin von Anfang an nicht gemocht habe. Denn ich war und bin ein großer Verehrer Gorbatschows. Bis heute halte ich den letzteren für einen der eindrucksvollsten Politiker des 20. Jahrhunderts. Er hat die Komplexität der Situation in den 1980er Jahren sicher nicht verstanden. Aber ich habe nicht den geringsten Zweifel, dass der Mann das Herz am rechten Fleck hatte und dass er das Beste für die Sowjetunion, ja die Welt als ganze wollte, denn er war ethischer Universalist. Als Jelzin Ende Mai 1990 gegen die ausdrücklichen Warnungen Gorbatschows zum Präsidenten des Obersten Sowjets der Russischen Föderation gewählt wurde, war ich in Moskau, und ich war eingeladen zu einer Party bei Kollegen. Sie freuten sich sehr über Jelzins Wahl, öffneten Champagnerflaschen und stießen an. »Jetzt endlich haben wir mit Jelzin einen von uns.« Ich habe mich damals geweigert, mit anzustoßen, und gesagt: »Dieser Mann ist kein Glücksfall für euer Land. Man sieht es seinem

Gesicht an, er ist unglaublich gedemütigt worden. Revanchewillen und Ressentiment treiben ihn. Das ist keine gute Entwicklung für Russland.« Und in der Tat trägt Jelzin die Hauptverantwortung für den Zusammenbruch der Sowjetunion – auch wenn das heute natürlich von offizieller Stelle nicht anerkannt wird.

Jelzin wollte die Sowjetunion zerstören, weil er verstand, dass er auf diese Weise in eine absolute oder quasi absolute Machtposition kommen würde, wenn eben nicht mehr der Präsident der Sowjetunion über ihm stand. Kurz nach meiner Rückkehr nach Deutschland kam es im September und Oktober 1993 zu einem furchtbaren Verfassungskonflikt. Das Parlament setzte Jelzin verfassungsmäßig ab, und damit wurde der Vizepräsident, der hochdekorierte Afghanistanveteran und Nationalist Alexander Ruzkoi, Präsident. Aber Jelzin akzeptierte das nicht und ließ das Parlament, das damals im »Weißen Haus« residierte, das heute Sitz der Regierung ist, auseinanderschießen. Das, was damals passiert ist, zweifelsohne unter dem Beifall des Westens, war eine komplexe Sache. Es war ja so, dass mit dem Ende der Sowjetunion in Russland die alte russische Verfassung von 1978 galt, die natürlich gemacht worden war, erstens als Russland noch ein Gliedstaat der Sowjetunion war und zweitens als noch die KPdSU die einzige erlaubte Partei war – inzwischen war sie verboten worden. (Im April 1992 war die Verfassung revidiert, aber nicht ersetzt worden.) Das heißt, die Verfassung war in der Tat nicht zeitgemäß, und insofern war das Argument von Jelzin, man brauche dringend eine neue Verfassung, nicht absurd.

Allerdings ist es trotzdem so, dass der Einsatz von Panzern gegen das eigene Parlament (den das russische Verfassungsgericht 1998 für verfassungswidrig erklärte) und die Brutalität, mit der das geschah (es handelte sich um die blutigsten Straßenkämpfe seit 1917), leider ein Omen für die Zukunft waren. Die Botschaft war: Der Kremlchef gibt die Macht nicht wieder ab, wenn er es nicht selbst will. Seit 1993 nahmen bei mir beklemmende Gefühle mit Bezug auf Russland zu. Alle Hoffnungen von 1990 schienen sich zu zerschlagen. Und in der Tat finden sich in *Moral und Politik*, das

1996 abgeschlossen wurde, zwei Stellen, in denen ich vorhersage, was passieren werde, u.a. durch einen Vergleich mit dem, was in Deutschland nach dem Ersten Weltkrieg passiert ist.[1] Doch freue ich mich über die Korrektheit meiner Prognosen nicht – es wäre mir viel lieber gewesen, ich hätte mich geirrt!

Der Grund für meine Voraussicht war, dass *Moral und Politik* nicht nur einen normativen Teil hat, der im Wesentlichen einen liberalen Staat vertritt, der auf den Prinzipien des Respekts der individuellen Rechte, der Gewaltenteilung und der Demokratie gründet und den Krieg nur als zu Verteidigungszwecken zulässig ansieht. Daneben hat das Buch auch einen relativ starken sozialwissenschaftlichen und historischen Teil. Anders als viele naive Liberale, die die Entwicklung zu demokratischen Marktgesellschaften 1989 für einen Selbstläufer hielten, versuche zu verstehen, warum die Welt nicht ganz so ist, wie sie sein sollte, und was die Ursachen dafür sind. In meinem Buche spielt die Theorie der Macht im fünften Kapitel eine große Rolle. Da unterscheide ich drei Machtformen: Erstens gibt es die Macht, die sich auf negative Sanktionen gründet: Ich kann jemandem sagen: »Wenn du nicht das tust, was ich will, wirst du dafür leiden müssen.« Die negativen Sanktionen können sich dabei gegen das Eigentum richten, aber auch gegen das Leben des anderen, gegen seine körperliche Unversehrtheit, manchmal auch gegen seine Angehörige.

Positive Sanktionen dagegen drohen nicht, sondern bieten etwas an: »Wenn du das tust, was ich will, werde ich dir etwas dafür geben.« Sie sind weniger verletzend als negative Sanktionen. Marktgesellschaften basieren auf einem System der positiven Sanktionen. Und dann gibt es drittens das Moment der Überzeugung. Ich kann jemandem sagen: »Du sollst das tun, weil das gut ist, sei es für dich persönlich, also aus Klugheitsgründen, oder weil es moralisch richtig ist.« Eine solche Überzeugungsarbeit kann sachorientiert sein. Sie kann aber auch manipulativ sein, indem ich an die Affekte des anderen appelliere und ihm damit nicht erlaube, zur Autonomie der Vernunft vorzustoßen. Meine These im Buche

---

[1] *Moral und Politik*, München 1997, 746 und 1082.

ist, dass letztlich jedes stabile staatliche System eine Harmonie und ein Gleichgewicht aller drei Elemente der Macht braucht.

Das, was meinen Pessimismus bezüglich Russlands in dem Buche begründet hat, war die Einsicht, das Land bleibe erstens eine außerordentliche Militärmacht. Zwar war die Armee damals ganz schlecht aufgestellt. Aber Russland hatte und hat eines der zwei größten Atomwaffenarsenale der Welt. Damit hat es eine zerstörerische Kraft und die Möglichkeit zur Androhung der schrecklichsten negativen Sanktionen. Zweitens ist es wirtschaftlich sehr schwach. Und was seine eigene Weltanschauung angeht, so hat es drittens die Ideologie des Kommunismus verloren, aber nichts Komplexeres gefunden, weil der westliche Liberalismus als scheinheilig und sozial ungerecht erfahren wurde. Und in einer solchen Situation greift man zurück auf das, was vorher da war. Und das ist jene Konstante der russischen Tradition, die dem Zarenreich und der Sowjetunion zumindest seit Stalin gemeinsam war – der Wunsch nach einer starken Regierung, das Misstrauen gegenüber dem Westen und ein ideologisch verbrämter Imperialismus, der sich einerseits vom Westen bedroht fühlt, andererseits von der Überlegenheit der eigenen Kultur durchdrungen ist.

Diese Dreierkombination aus starker Armee, schwacher Wirtschaft und verlorener Ideologie (bzw. ihrer Kompensation durch einen Retro-Imperialismus) konnte nicht stabil sein. Denn auch wenn es im neuen Jahrhundert gelang, unter Putin die Wirtschaft einigermaßen zu stabilisieren, ist die russische Wirtschaft bis heute erstaunlich schwach. Die Wirtschaft produziert etwa so viel wie die südkoreanische, ist schwächer als die italienische und sogar die kanadische. Die Russen haben es bis heute nicht geschafft, Markenartikel hervorzubringen, die international nachgefragt sind, unter anderem, weil sie einer alten russischen Tradition folgen, für die letztlich wirtschaftliches Handeln nicht intrinsisch wertvoll ist. Aber sie produzieren sehr viele Waffen, ihre Exporte gründen sich darauf sowie auf natürliche Ressourcen. Die fossilen Ressourcen, auf denen der Reichtum der Eliten basiert, sind allerdings nicht zukunftsfähig, weil sie nicht nachhaltig sind, und die Angst ist groß, wirtschaftlich noch bedeutungsloser zu werden, wozu auch die demographische Schrumpfung beiträgt.

Russland bleibt also ökonomisch schwach, ist daher ständig gedemütigt, wenn es seinen eigenen Lebensstandard nicht nur mit demjenigen westeuropäischer Staaten vergleicht, sondern etwa auch mit dem der baltischen Staaten, die ja seit dem Zweiten Weltkrieg zur Sowjetunion und früher seit Peter dem Großen zu Russland gehörten. Da stellen die Russen fest, sie seien wirtschaftlich nicht konkurrenzfähig. Gleichzeitig wissen sie aber, dass sie einen enormen Militärapparat haben, den die anderen nicht besitzen. »Sollten wir nicht den Machtkampf vielleicht auf eine Ebene verlagern, wo wir besser sind als die anderen?« ist dann angesichts der menschlichen Natur eine relativ naheliegende Schlussfolgerung.

Wir sprachen erst von der wirtschaftlichen Schocktherapie, die ein so ausgezeichneter Ökonom wie Joseph Stiglitz scharf kritisiert hat. Natürlich standen dahinter auch Interessen des Westens, der schnell Geschäfte machen wollte in Russland. Aber es gab auch sachliche Argumente: Die Erkenntnis war richtig, dass die kommunistische Planwirtschaft nicht funktionierte und man mit etwas Neuem beginnen musste. Auch waren die Auswirkungen einer ähnlichen Wirtschaftspolitik in Ostmitteleuropa, z.B. Polen, nicht verheerend, teils weil der Westen diese Länder, deren Beitritt zur Europäischen Union vorhersehbar war, viel großzügiger mit Krediten unterstützte, teils auch weil dort wirtschaftsrationales Verhalten kulturell tiefer verwurzelt war. Die sogenannte Couponprivatisierung, nach der Anteile am Staatsvermögen allen Bürgern zugeteilt werden sollten, wurde zwar auch in Russland wie in Polen und der Tschechoslowakei betrieben, aber mangels wirtschaftlicher Kenntnisse wurden die Coupons zum Erwerb von Aktien von Zwischenhändlern erworben, was zur Bildung des sogenannten Oligarchensystems führte. Große Reichtümer wurden illegal ins Ausland verschafft, während zumal viele alte Menschen brutal verarmten und die Lebenserwartung dramatisch sank. (Auch heute noch ist sie mehr als zehn Jahre niedriger als in den westlichen Staaten.) Zyniker legitimierten das damit, die Alten seien für die sowjetische Misere verantwortlich gewesen und verdienten deswegen kein Mitleid. Die 1990er Jahre in Russland bestätigten *e contrario* die These Max Webers, ein erfolgreicher Kapitalismus setze bestimmte religiöse Motivationen und Kontrollmechanismen voraus – die in Russland leider völlig fehlten. Wer geglaubt hatte, das sozialistische Experiment hätte mehr Nächstenliebe erzeugt, sah sich eines Besseren belehrt: Der neurussische Kapitalismus ließ an Brutalität und Gier den Manchester-Kapitalismus hinter sich.

Das führte dazu, dass jedenfalls der große Teil der russischen Bevölkerung eine Allergie gegen den westlichen Liberalismus entwickelte, weil er nicht primär als ein System wahrgenommen wurde, in dem die Menschenrechte stärker verwirklicht wurden und in dem die Wirtschaft sich allmählich den Marktbedürfnissen anpasste und mehr und mehr Güter hervorbrachte. Der Liberalismus der 1990er Jahre wurde von vielen vielmehr als die Zeit des Raubtierkapitalismus interpretiert. Menschen, die ihr ganzes Leben an ein Ideal geglaubt und sich dafür eingeschränkt hatten, wurden nun ihrer Pensionen beraubt. Gleichzeitig sah man, dass Leute wie Roman Abramowitsch, der seine Karriere damit begann, Gummienten für die Badewanne zu verkaufen, plötzlich merkwürdigerweise Milliardäre waren. Man verstand nicht ganz, wie das mit rechten Dingen zugegangen sein konnte. Abramowitsch hatte natürlich gute Beziehungen zu Jelzin und seiner Familie. Man sah zudem, wie manche dieser neuen Oligarchen einander ermordeten. Mord wurde außerdem zum verbreiteten Mittel der Politik – ich nenne nur Anatoli Sobtschak, den ersten frei gewählten Bürgermeister Sankt Petersburgs und politischen Ziehvater Putins.

Ich habe nie Sympathien für den Marxismus gehabt, aber ich konnte sehr gut verstehen, wieso in den 1990er Jahren in Russland einige der früheren Marxisten, die intelligent und moralisch motiviert waren, weil sie wirklich für die einfacheren Menschen ein besseres Leben erzielen wollten (leider ohne zu begreifen, dass die beste Weise, das zu tun, der Ordoliberalismus ist), auch dann, wenn sie eine Allergie gegen das sowjetische System entwickelt hatten, den westlichen Liberalismus ablehnten. Der Liberalismus kam gerade nicht als eine moralisch begründete politische Weltanschauung daher, wie er das im 19. Jahrhundert in Westeuropa gewesen war, wo er teilweise heldenhaft gegen staatliche Unterdrückung gekämpft hatte; nein, der Liberalismus erschien im postsowjetischen Russland im Wesentlichen als die Ideologie fremder Mächte und korrupter Neureicher, die dem Land gegen seine eigenen Traditionen oktroyiert wurde.

Zudem zeigte der Westen, zumal die USA, die als einzige Supermacht zurückgeblieben war, einen ungeheuren Hochmut, und dass Stolz vor dem Fall kommt, habe ich irgendwo einmal gelesen, auch wenn ich mich nicht mehr erinnere, wo. Der Höhepunkt dieser Hybris war die *National Security Strategy* von 2002, in der sich die USA völkerrechtswidrig das Recht zu präemptiven Maßnahmen vorbehielten, um ihre Hegemonialstellung zu perennieren und zu verhindern, jemand könne ihnen an Macht gleichkommen – und in der Tat folgte im nächsten Jahr der unmoralische, illegale und an politischer Dummheit kaum zu überbietende Krieg gegen Irak, der nicht nur zahllose Menschenleben kostete, sondern auch die USA, die daneben in Afghanistan engagiert waren, an die Grenze ihrer Leistungsfähigkeit brachte. Vielleicht noch mehr empörte die Russen der Angriff gegen Serbien 1999, der als traditioneller Alliierter Russlands angesehen wurde. Die Aktion war sicher völkerrechtswidrig; ihre moralische Bewertung ist allerdings schwieriger, weil sie zum Ende eines langen und grausamen Krieges führte. Doch Russland hat diese Intervention in das eigene Einflussgebiet nie verziehen. Sollte die Ukraine fallen, würde Russland bald im Westbalkan Präsenz zeigen. Sie haben ja jetzt schon mehr oder weniger Bosnien-Herzegowina ins Wanken gebracht, weil sich im Dezember 2021 die Republika Srpska, eine der beiden Gliedstaaten dieses Landes, unter russischem Einfluss von dem ihr und der Föderation Bosnien-Herzegowina (dem anderen Gliedstaat) gemeinsamen Justiz- und Steuersystem sowie von der Armee Bosnien-Herzegowinas abgekoppelt hat.

Tragisch wirkte dabei mit, dass die Russisch-Orthodoxe Kirche, auf die sich viele Russen wieder besannen, nicht nur keine religiöse Legitimation des Liberalismus anbot, wie das etwa der deutsche Kulturprotestantismus des Zweiten Reiches getan hatte, sondern mehrheitlich feindselig reagierte, weil er den Liberalismus mit Atheismus, zumindest mit Ablehnung russisch-orthodoxer Traditionen identifizierte. Die schamlose Verteidigung des Angriffskriegs gegen die Ukraine durch den Patriarchen Kyrill I. – einen ehemaligen KGB-Agenten, der wie die meisten russischen Politiker in Luxus schwelgt –, am 6. März 2022 u.a. mit dem Argument, es gehe in diesem Krieg um eine Verhinderung von gay pride-Demonstrationen, war leider nur der Höhepunkt einer seit Jahrzehnten angelegten Entwicklung. Doch sei erwähnt, dass Metropolit Ilarion den Krieg klar verurteilt hat und deswegen seine Stellung als »Außenminister« der Russisch-Orthodoxen Kirche verloren hat. Er bezog sich u.a. auf Rasputins Warnungen vor den Folgen des Ersten Weltkrieges, die für Russland verheerend waren.

Um die Niederlage des zarten Keims des Liberalismus zu begreifen, muss man folgendes anerkennen: In der Sowjetunion gab es zwar eine Betonsprache, aber es gab bestimmte Werte, die ernsthaft gelebt wurden und die auch in der Sowjetunion eine erstaunliche Kultur ermöglichten. Sicher war der KGB eine abscheuliche Organisation, aber die Ideale, die hochgehalten wurden, waren eindrucksvoll – wer liebt nicht Max Otto von Stierlitz alias Maxim Maximowitsch Issajew, den von Wjatscheslaw Tichonow unvergesslich gespielten russischen Doppelagenten im nationalsozialistischen Berlin in Tatjana Liosnowas Zwölfteiler *Siebzehn Augenblicke des Frühlings* (Семнадцать мгновений весны) von 1973, diesen melancholischen Gentleman mit unbedingter Treue seiner Frau gegenüber und heroischer Risikobereitschaft? Gewiss entsprach er nicht der Wirklichkeit – aber es gehörte zur sowjetischen Realität, dass man solche Ideale schuf und irgendwie an sie glaubte. Das moralische Gewebe, das diese Gesellschaft zusammenhielt, war faszinierend, weil es nicht wie der westliche Liberalismus auf systematisiertem rationalem Eigennutz basierte, sondern zwischen eindrucksvoller Solidarität und Verrat oszillierte. Die moralischen Pendelschläge hatten eine viel größere Amplitude, die Menschen waren komplexer und irgendwie tiefer als wir im Westen. Das ist der wichtigste Grund, warum so viele Russen sich im Ausland nicht wohl fühlen, selbst wenn sie durch ihre Emigration politischer Verfolgung entronnen sind und sie sich wirtschaftlich gebessert haben: Es fehlt ihnen die »russische Seele«. Andrei Tarkowski hat dieses Gefühl in *Nostalghia* (*Ностальгия*) von 1983 überwältigend dargestellt. Und auch heute noch strahlen russische Oppositionspolitiker wie Alexei Nawalny eine Größe aus, die westlichen Politikern abgeht. Man mag daran zweifeln, ob Nawalnys Rückkehr nach Russland klug war; aber man kann nicht umhin, den furchtlosen Kämpfer gegen die Korruption zu verehren, der sich in einem Tweet aus dem Straflager, neben seinem geschorenen Kopf, auch auf den gestirnten Himmel über ihm und das Sittengesetz in ihm bezieht, weil er Kant tiefer internalisiert hat als die meisten deutschen Politiker.

So sehen wir also in den 1990er Jahren auf der einen Seite den Raubtierkapitalismus, auf der anderen Seite wahnwitzige politische Diskurse eine zutiefst traumatisierte und verunsicherte Gesellschaft beherrschen. Von Schirinowski war schon die Rede, der von 1991 an bis zu seinem Tode im April 2022, vermutlich an COVID-19, regelmäßig mit einem Dritten Weltkrieg unter Einsatz von Atomwaffen drohte, Russland in den Grenzen von 1900, also einschließlich Polens und Finnlands, wiederherstellen wollte, Alaska zurück haben wollte, um nach Eroberung der Ukraine die Ukrainer dorthin zu verfrachten, ausländische Politiker und Politikerinnen aufs unflätigste beleidigte, oft mit rassistischen und sexistischen Bemerkungen, und gleichzeitig sein russisch-orthodoxes Christentum hervorhob. Einerseits kann man für diese erbärmliche Figur sogar etwas Mitleid haben – sein jüdischer Vater hatte ihn als Kleinkind verlassen und war nach Israel emigriert, und einmal erklärte er mit Tränen in den Augen, er habe in seinem Leben nichts anderes getan als nach seinem Vater gesucht. (Das Schicksal vaterloser Jungen in der postsowjetischen russischen Gesellschaft ist glänzend dargestellt worden von Andrej Swjaginzew in seinem Debutfilm *Die Rückkehr* (*Возвращение*) von 2003, der in Venedig mit dem Goldenen Löwen ausgezeichnet wurde.)

Andererseits war der Mann nicht einfach ein pathologischer Clown. Wir wissen, dass die Partei, deren Vorsitzender er war und für die er bis zu seinem Tode stets als Präsidentschaftskandidat agierte (außer 2004), 1991 noch in der Sowjetunion vom KGB unter dessen Vorsitzenden Wladimir Krjutschkow gegründet worden war, der nicht lange danach am Putschversuch vom August 1991 gegen Gorbatschow beteiligt war. Der Versuch scheiterte zwar, aber war weltgeschichtlich wichtig – er delegitimierte Gorbatschow, stellte Jelzin als den Retter des Vaterlands dar und führte damit zur Auflösung der Sowjetunion, deren Verhinderung das eigentliche Ziel des Putsches gewesen war – ein in der Weltgeschichte nicht seltenes Beispiel völlig kontraproduktiver Politik, in die man vermutlich auch Putins Angriffskrieg noch einreihen können wird.

Es handelte sich also bei Schirinowskis Liberal-Demokratischer Partei Russlands um eine Scheinopposition, die, bei aller oft grotesk polemischen Kritik in Einzelfragen, dem Kreml gegenüber stets loyal war und deren irrwitzige Äußerungen durchaus den Zweck hatten, allmählich eine Politik salonfähig zu machen, die vom Kreml gleichzeitig auf strategisch-rationale Weise verdeckt vorbereitet wurde. Die offizielle Zurückweisung extremer Dummheiten Schirinowskis seitens des Kremls verfolgte dabei den Zweck, und leider erreichte sie ihn auch, den Westen zu beruhigen, Schirinowskis Revanchismus sei nicht offizielle russische Politik, der Kreml sei also gar nicht so extremistisch eingestellt, sondern mäßige derartige Kräfte. Der Mann war nicht so sehr der nützliche Idiot des Kremls als vielmehr eine klug eingesetzte Marionette, um die recht zahlreichen nützlichen Idioten im Westen an der Nase herumzuführen. Es war daher nur fair, dass bei seinem Begräbnis Patriarch Kyrill I. höchstselbst offizierte, und zwar in Anwesenheit Putins, des Verteidigungsministers Sergej Schoigu und weiterer Granden. Damit wurde sein Dienst am russischen Staat dankbar anerkannt, dessen Eintritt in einen großen Krieg er noch miterleben durfte. »*Requiescat in pace!*«

Wenn man sich heute die beliebten Fernsehsendungen von Wladimir Solowjow anguckt, der denselben Namen trägt wie der große russische Philosoph, jedoch kein Philosoph ist, sondern ordinär vom Kopf bis Fuß, ganz wie ein westlicher Showmaster, gleichzeitig aber Instrument des Kremls ist, so sieht man, dass Schirinowskis aggressiv-imperialistische Ideen, einschließlich der nuklearen Variante, nun in seiner Sendung ganz ernsthaft diskutiert werden, ohne das Schrille, Obszöne und Verrückte von Schirinowski, und ebendeswegen umso gefährlicher sind. Sie haben vermutlich auch in Deutschland vom Politikwissenschaftler Sergej Michejew gehört, der am 20. März 2022 Polen explizit mit der nuklearen Vernichtung drohte. So etwas gab es nicht in der Sowjetunion. Die Nachrichtenkanäle der Sowjetunion waren voller Lügen. Aber das nukleare Drohen wurde nicht explizit betrieben.

Wie ist der Übergang von dem halben Liberalismus der 1990er Jahre zur jetzigen Situation des aggressiven Imperialismus erfolgt? Auch wenn Jelzin, der immer mehr dem Alkoholismus verfiel, schwerlich eine klare Vision für Russland hatte, gab es in seinen Regierungen und zumal im Parlament, neben zahllosen Profiteuren und Dieben, durchaus einige, einen klassischen politischen Liberalismus anstrebende Politiker. Ich denke an Grigori Jawlinski, der von 1993 bis 2008 die Wählervereinigung und später die Partei Jabloko leitete, deren Programm als sozialliberal bezeichnet werden kann. Aber teils gab es kaum eine gesellschaftliche Grundlage dieser politischen Ideen wie einen starken Mittelstand und ein gebildetes Bürgertum, die ja erst durch diese Reformen geschaffen hätten werden können, teils waren die liberalen Politiker oft unfähig, sich untereinander politisch zu einigen und damit eine wirkliche politische Alternative zur Wiederwahl des Amtsinhabers zu bilden.

Die Lage verschlechterte sich dramatisch während der schweren Wirtschaftskrise von 1998 und 1999, die, zum ersten Mal seit 1918, zur Zahlungsunfähigkeit des Landes führte. Während Wiktor Tschernomyrdin von 1992 bis März 1998 amtiert hatte, gab es nach seiner Entlassung bis zum August 1999 vier Ministerpräsidenten, davon ihn selbst noch einmal kommissarisch – bis Jelzin im August 1999 denjenigen Mann ernannte, der seitdem das Schicksal Russland bestimmt, Wladimir Putin. Mit Jelzins Rücktritt am 31. Dezember 1999 wurde verfassungsgemäß der Ministerpräsident kommissarisch Präsident, und die Präsidentschaftswahl vom März 2000 machte Putin zum zweiten Präsidenten des postsowjetischen Russlands. Schon als Ministerpräsident begann er den

Zweiten Tschetschenienkrieg (zum Anlass nahm er die Sprengstoffanschläge auf Wohnhäuser in Russland, von denen immer wieder behauptet worden ist, ich weiß nicht, ob zu Recht, zumindest einige seien von russischen Geheimdienstlern selbst organisiert worden). Schon am 1. Januar 2000 flog der neue Präsident nach Tschetschenien, um die Soldaten auf einen besonders brutalen Kampf einzustimmen – und wer die Zerstörung Grosnys und später im Syrienkrieg Aleppos gesehen hat, kann schwerlich von der Art der Kriegsführung in der Ukraine überrascht sein.

Trotz der verfassungsbedingten Rochade mit Dmitri Medwedew 2008–2012 war Putin seit 2000 ununterbrochen der stärkste Mann Russlands, und die Verfassung ist inzwischen so geändert worden, dass er bis 2036 im Amt bleiben kann. Sollte er dann noch leben, wird er sich gewiss eine weitere Lösung einfallen lassen, denn er kann es sich nicht leisten, als Privatmann einem Gericht gegenübertreten zu müssen.

Das postsowjetische Russland hat keinen Machtwechsel durch Abwahl erlebt, nur vom Präsidenten inszenierte Machtübertragung. Aussichtsreiche Kandidaten werden, wenn sie Glück haben, durch Gesetzesverschärfungen nicht zur Wahl zugelassen, und wenn sie gefährlich werden können, versucht man, oft erfolgreich, sie physisch zu beseitigen – wie Boris Nemzow und Alexei Nawalny sowie, aller Wahrscheinlichkeit nach, schon 1998, noch unter Jelzin, den populären General Lew Rochlin, der angeblich von seiner Frau erschossen wurde. Politisch ambitionierte Oligarchen wie Michail Chodorkowski landen im Gefängnis – sie dürfen ihren Reichtum nur dann genießen, wenn sie sich aus der Politik heraushalten.

In Belarus war die Entwicklung ähnlich; dort ist Aljaksandr Lukaschenka sogar seit 1994 ununterbrochen an der Macht,[2] seit 2020 sicher durch Wahlfälschung, vorher u.a. dank der Ermordung

---

[2] »Lukaschenka« ist die Originalnamensbezeichnung auf weißrussisch, »Lukaschenko« ist die in den westlichen Medien meistens aufgegriffene russische Form, was sprachlich schon eine große Nähe des Staatschefs zu Russland und Putin aufzeigt.

von Oppositionellen im In- und Ausland. In der Ukraine versuchte man 2004, mit großer Wahrscheinlichkeit mit russischer Beteiligung, den sich nach Westen orientierenden Präsidentschaftskandidaten Wiktor Juschtschenko zu vergiften, aber er überlebte und wurde 2005 (ein recht erfolgloser) Präsident, der nicht wiedergewählt wurde. In der Ukraine kam es seit der Unabhängigkeit zu mehreren Regierungswechseln und damit zu einem Erleben der Bedeutung demokratischer Wahlen. Das zeigte sich schon 1994, als Leonid Krawtschuk die Wahl gegen Leonid Kutschma verlor und seinen Platz anstandslos räumte. Sosehr dies auch konfliktuell ablief und auf die massiven Spannungen zwischen dem eher westlich orientierten Westen und dem russisch besiedelten Osten hinwies, war es doch der zarte Beginn einer Demokratisierung. Es ist die Angst davor, dass dies auch auf die anderen ostslawischen Nationen überschwappen könnte, die Russland und Belarus dazu bewogen haben, gegen ihr Brudervolk einen brutalen Angriffskrieg zu führen bzw. durch das Zur-Verfügung-Stellen des eigenen Territoriums bisher nur zu unterstützen.

Es ist nicht völlig klar, warum Jelzin Putin als Nachfolger ausgewählt hat. Vermutlich war der Wunsch, Stabilität in das Land zu bringen, ein wichtiger Aspekt. Es gab sicher massiven Druck seitens der Sicherheitskräfte, jemanden aus ihren Reihen zu ernennen. Wie weit der Westen diese Wahl unterstützt hat, entzieht sich mir. Vermutlich haben viele, auch und gerade der Gläubiger, den Gewinn an Stabilität begrüßt und sich um die weitere politische Entwicklung kaum Sorgen gemacht. In Russland erschien freilich schon am 1. Januar 2000 ein Zeitungsartikel des russischen Mathematikers Andrei Piontkowsi, der erst 2016 Russland verlassen hat. In Abwandlung des Titels einer berühmten Schrift Lenins trägt der prophetische Text den Titel »Der Putinismus als letztes und abschließendes Stadium des Banditenkapitalismus in Russland«.[3] Er endet mit dem Satz: »Ein solches Erbe hat uns Boris Nikolajewitsch Hindenburg hinterlassen«. Die explizite Gleichsetzung Jelzins mit Hindenburg suggeriert natürlich, dass sich Putin

---

[3] https://www.yabloko.ru/Publ/Book/Fire/fire_002.html.

als neuer Hitler erweisen werde, da er genauso von Jelzin zum Regierungschef ernannt wurde wie am 30. Januar 1933 Hitler von Hindenburg. Nicht nur ist der Text eine brillante marxistisch inspirierte Analyse der Wahl zwischen Kommunismus und Banditenkapitalismus, auf die sich im Laufe der 1990er Jahre die politische Entscheidung reduzierte, die bekanntlich zugunsten des Banditenkapitalismus erfolgte. Piontkowski sieht zu Recht, dass Putins Machtstrategie in der Erzeugung von Bedrohungen, interner wie externer, und damit der Wahl des Krieges als Mittels der Politik bestehen wird, um die eigene Position als die des starken Mannes Russlands aufzubauen.

Ich vermute, dass neben diesen strategischen Gründen bei der Entscheidung für die Kriegspolitik auch der Wunsch eine Rolle spielt, an den Heroismus der sowjetischen Zeit anzuknüpfen, um damit den im Raubtierkapitalismus begangenen Verrat an den kommunistischen Idealen und den eigenen Zynismus irgendwie zu kompensieren – da freilich andere sterben, handelt es sich dabei nur um einen Zynismus zweiter Stufe. In der Tat sind die Analogien zwischen der Weimarer Republik und dem Russland der 1990er Jahre mit Händen zu greifen. Beide Republiken entstehen nach einem verlorenen Krieg (denn die Sowjetunion hatte ja den Kalten Krieg verloren, auch wenn er gottseidank weitgehend unblutig gewesen war), die Niederlage wurde von großen Teilen der Bevölkerung beide Male nicht wirklich begriffen, was zu Dolchstoßlegenden über innere Verräter führte. Die Verantwortung für den Zusammenbruch der Sowjetunion entsprach der Zustimmung zum Versailler Vertrag; noch 1998 wurde gegen Jelzin ein vergebliches Impeachment eingeleitet, das sich u.a. gegen die Belowescher Vereinbarungen richtete, die die Sowjetunion auflösten. Die Demütigung wegen des eigenen Niederganges wurde kompensiert durch phantastische Überhöhungen der vergangenen Größe. In beiden Staaten gab es viele Nostalgiker des alten Regimes, des Kaisers bzw. Stalins, zumal in Russland, anders als in Deutschland nach dem Zweiten Weltkrieg, kaum eine Verarbeitung der Verbrechen in der eigenen Geschichte stattfand (die Organisation, die es am ehesten versuchte, Memorial, ist in Russland nach vielen Schikanen

2021 verboten worden). Die neuen Staatsoberhäupter nach dem Zusammenbruch der alten Verfassung wurden in Kontrast zu den früher von der Öffentlichkeit abgeschirmten Repräsentanten des Staates (so ist es immer noch in China) als würdelos empfunden (bei Friedrich Ebert gab es nur das berühmte Badehosen-Foto, Jelzins alkoholisierte Eskapaden waren zahlreich) und erzeugten die Sehnsucht nach einem starken Führer. (Putin schaffte es später, das inzwischen entstandene Bedürfnis nach Fotos der Politiker durch sorgfältig gestellte, die eigene Macht und Kraft symbolisierende Fotos zu befriedigen.) Die Bevölkerungen waren politisch furchtbar gespalten, Konflikte zwischen Parlament und Regierung waren an der Tagesordnung, ein Misstrauen gegenüber den seit langem liberalen westlichen Partnern führte zu einem starken und aggressivstolzen Hervorheben der eigenen nationalen Besonderheiten. Die Hyperinflation zerstörte in beiden Staaten die Ersparnisse und ließ Millionen verarmen und in eine tiefere soziale Klasse sinken. Die Weltwirtschaftskrise von 1929 und die Russlandkrise von 1998/99 delegitimierten das bisherige politische System vollständig und ermöglichten den Übergang zu einer ganz neuen Regierungsform, wobei in beiden Fällen die Verfassung nicht formal außer Kraft gesetzt, sondern auf teils legalem, teils außerlegalem Wege in eine Monokratie umgebildet wurde, die die horizontale und vertikale Gewaltenteilung abschaffte bzw. dramatisch reduzierte. In beiden Nationen spielte die Angst vor einer Machtübernahme der Kommunisten bzw. ihrer Rückkehr an die Macht eine wichtige Rolle bei der Legitimierung des Systems sowohl im Inneren als auch im Ausland. Es bildete sich in beiden Fällen ein Doppelstaat (so der Terminus von Ernst Fraenkel), d.h. ein Nebeneinander von legalem Normenstaat und legal nicht kontrolliertem Maßnahmenstaat, der dem Machterhalt dient. Der neue Herrscher knüpfte an das vor dem Zusammenbruch bestehende Regime an – Hitler war ein sich anfangs plebiszitär legitimierender Ersatzkaiser, Putin ist ein Ersatzstalin, der dessen Imperialismus, aber nicht dessen Kommunismus weiterführt.

Hähnel:

Aber gibt es nicht auch Unterschiede zwischen dem heutigen Russland und dem Dritten Reich und erst recht zwischen Putin und Hitler?

Hösle:

Gewiss! Ein wichtiger Unterschied ist sicher, dass der Nationalsozialismus von einer explizit antichristlichen Ideologie getragen wurde, während der Putinismus sich russisch-orthodox verbrämt – wieviel davon noch aufrichtig ist, bleibe hier offen. Auch weist Putin keineswegs die psychopathischen Züge Hitlers auf. Er ist in dem Sinne durchaus rational, dass er für seine moralisch abscheulichen, also nicht wertrationalen Ziele alles zweckrational Erforderliche intelligent einsetzt und dabei nicht im mindesten vor massivem Blutvergießen, auch bei den eigenen Soldaten, zurückscheut, wenn es der Erreichung seines Zieles, der Wiederherstellung von soviel sowjetischem Territorium wie nur möglich, dient. Seine Risikoaversion ist höher als bei Hitler, aber viel geringer als bei den meisten westlichen Politikern, auch weil er spürt, dass deren Risikoscheu sie beim Handeln oft lähmt und der Zupackendere zumindest zu Beginn gewinnt. Nur durch glaubhafte Abschreckung, nicht durch Appell an moralische Überzeugungen, die ihm fremd sind und über die er sich lustig macht, kann Putin in Schach gehalten werden. Der Mann ist wie Hitler ein moralischer Zyniker, der glaubt, erkannt zu haben, dass alles auf Macht reduzierbar ist und dass deren Kern die Gewalt bzw. die Drohung mir ihr ist. Sittengesetz und Rechtsidee sind beiden wesensfremde Begriffe.

Abb. 2: Putin (2010)

Putin gelang es wie Hitler, die Wirtschaft zu stabilisieren. Russland, das anders als China traditionell Schwierigkeiten hat, ökonomisch zu denken, setzte zumal auf den Export seiner enormen Ressourcen, nämlich Kohle, Öl und besonders Gas. Das wurde professionell gemacht und dadurch ist ein großer Teil des russischen Staatshaushalts finanziert worden. Von Anfang an verfolgte Putin damit den Zweck, Mittel- und Westeuropa, besonders Deutschland und Italien, von sich abhängig zu machen. Das ist nicht eine bloße Vermutung, sondern in den *Grundlagen der Geopolitik* (*Основы геополитики*) von Alexander Dugin von 1997 wird ausdrücklich gesagt, Russland könne die eigene Weltmachtstellung wiederherstellen, ja ausbauen, wenn es neben Propaganda- und Desinformationskampagnen die Abhängigkeit des Westens von den eigenen Ressourcen als massives Druckmittel einsetze. Das ist alles schon in den 1990er Jahren klar ausgearbeitet worden. Vom Einsatz militärischer Gewalt ist bei Dugin freilich noch kaum die Rede, sicher auch weil 1997 noch nicht daran zu denken war – das russische Militär lag am Boden. Aber der russische Generalstab war von Dugins Ideen fasziniert. Da zahlreiche Annexionen von Ländern vorgesehen sind, die einst zu Russland gehörten, von der Ukraine bis Finnland, die dem freiwillig nicht zustimmen würden, ist der Krieg als letztes Mittel natürlich impliziert.

2006 erschien ein Roman in Moskau mit dem schönen Titel »Drittes Reich. Das Russland, das sein soll« (*Третья Империя. Россия, которая должна быть*). Der Verfasser, Michail Jurjew, gehörte in den 1990er Jahren zur liberalen Partei Jawlinskis, bewegte sich dann aber immer mehr nach rechts. Der Roman, den Putin lieben soll, auch wenn ihn einige eher als Dystopie denn als Utopie lesen, schildert aus der Perpektive eines Brasilianers die Welt um die Mitte des 21. Jahrhunderts. Es gibt da nur noch fünf Staaten: Die beiden Amerikas sind in einer Föderation vereint, Afrika und der Nahe Osten stehen unter der Herrschaft des Islamischen Kalifats, eine Indische Konföderation erstreckt sich bis nach Hinterindien, China hat sich Japan, Korea, große Teile Südostasiens, Australien und Neuseeland einverleibt. Der Rest ist das Russische Reich von Grönland über Lissabon bis Wladiwostok, von Moskau aus regiert. Der Herrscher, der das Dritte Reich (nach dem zaristischen und dem sowjetischen) geschaffen hat, heißt, wie könnte es anders sein, Wladimir II.

Kurz vor Ausbruch des Krieges zeigte die russische Nachrichten-Website Pravda.ru Bilder von Postern in Stadien, auf denen zu lesen stand: »Die Krim ist Russland. Die Ukraine ist Russland. Alaska ist Russland. Alles ist Russland. Außer Kosovo. Kosovo ist Serbien.« Die geopolitischen Ideen haben übrigens westliche Vorläufer. Seit dem Aufsatz »Die geographische Achse der Geschichte« (»The geographical pivot of history«) des Briten Halford Mackinders von 1904 gilt das nördliche Eurasien als Herzland der Weltinsel, also der drei Kontinente Asien, Europa und Afrika, deren Beherrschung die Weltherrschaft garantiere. Das Zentrum des Herzlandes sei aber Osteuropa. Und dass Karl Haushofer, 1933 eines der Gründungsmitglieder der nationalsozialistischen »Akademie für deutsches Recht« und 1937 Präsident der »Akademie zur Wissenschaftlichen Erforschung und Pflege des Deutschtums«, zahlreiche Bücher zur Geopolitik verfasst hat, ist bekannt.

Es wäre Pflicht der europäischen Politiker gewesen, sich mit den Hauptgedanken dieser Werke vertraut zu machen, so wie die gründliche Lektüre von »Mein Kampf« viele europäische Politiker vor Illusionen über Hitler hätte bewahren können. Bei allen taktischen Lügen können imperialistische Diktatoren ihre letzten Absichten nicht ganz geheim halten, weil sie ihre Bevölkerung dafür gewinnen müssen. Als Dmitri Medwedew am 5. April 2022 von der Herstellung eines Eurasiens von Wladiwostok bis Lissabon als Folge des Ukrainekrieges sprach,[4] hatte er diese eurasischen Vorstellungen im Sinne – und gleichzeitig rächte er sich für das westeuropäische Gerede eines Europas von Lissabon bis Wladiwostok in den 1990er Jahren, das nie erfüllt wurde. Der derzeitige Hass Russlands gegen den Westen hat viele Gründe; einer ist sicher der einer enttäuschten Liebe, zumindest einer enttäuschten Hoffnung auf Zugehörigkeit zum Westen.

---

[4] https://www.welt.de/politik/ausland/article238010209/Medwedew-will-offenes-Eurasien-von-Lissabon-bis-Wladiwostok.html.

Abb. 3: Chimera of Eurasia (2001)

Die Wahrheit ist: Russland kann deswegen nicht zum Westen gehören, weil es die Prinzipien des westlichen politischen Liberalismus nicht zu verinnerlichen vermag: Auf das kurze liberale Experiment nach der Februarrevolution folgte schon im Oktober 1917 eine neue Form der Autokratie, auf die tastenden Versuche der 1990er Jahre der Putinimus des 21. Jahrhunderts. Statt dieses betrübliche Faktum anzuerkennen, erklärte Patriarch Kyrill I., zum

Club des Westens werde nur zugelassen, wer die gleichgeschlechtliche Ehe anerkenne. Hinter diesem Unsinn spürt man die Demütigung eines sich als ausgeschlossen empfindenden Volkes.

Es besteht kein Zweifel, dass Putin den Ausbau der europäischen Abhängigkeit von russischen Ressourcen nicht nur aus wirtschaftlichen Gründen, sondern schon mit einem geostrategischen Plan im Hinterkopf eingesetzt hat. Es ist ja immer wieder diskutiert worden: Seit wann plant Putin seinen großen Krieg? Wir werden das definitiv nur wissen, wenn einmal die Archive geöffnet sein werden – wenn es dann noch Archive geben wird. Man kann es also nicht sicher sagen. Klar ist, dass schon 2008, als Putin Abchasien und Südossetien besetzte, also im Krieg gegen Georgien, imperialistische Ambitionen sichtbar wurden – es ging um die Abtrennung von fremdem Territorium, das zur Sowjetunion gehört hatte, allerdings damals noch ohne ausdrückliche Annexion. Putins Rede 2007 bei der Sicherheitskonferenz in München deutete mit der scharfen Kritik am Westen schon in diese Richtung. Auszuschließen ist es nicht, dass er schon von Anfang an einen großen Krieg plante, dass also auch seine berühmte Rede im September 2001 im Deutschen Bundestag ein Meisterstück der Verstellung war. Jedenfalls war es damals schon sehr naiv, dass einige Kommentatoren entzückt feststellten, dass Putin, der sehr gut Deutsch kann, Lessing, Kant, Schiller, Goethe und Wilhelm von Humboldt nannte und Boris Pasternaks »Faust«-Übersetzung erwähnte. Als ob er diese Autoren je ernsthaft gelesen oder sich gar ihre geistigen Gehalte angeeignet hätte! Aber ein wichtiger Teil der eurasischen Ideologie ist es, mit Deutschland zusammenzuarbeiten, um eine Vorherrschaft über Europa zu gewinnen und die USA aus Europa wegzudrängen, und da können auch Schmeicheleien und Verbeugungen vor der großen deutschen Kultur eine Rolle spielen.

Hähnel:

Die Deutschen lassen sich gerne schmeicheln.

Hösle:

Und das umso mehr, je weniger faszinierend die deutsche Kultur noch ist. Dann lässt man sich wenigstens an die Größe der eigenen Vergangenheit erinnern.

Ich schließe, wie gesagt, nicht aus, obgleich ich es nicht beweisen kann, dass Putin schon 2001 in seinem Herzen gelacht hat, als er jene Rede im Bundestag hielt, und sich gesagt hat: »Die Deutschen kann man leicht um den Finger wickeln, indem man ihnen schmeichelt und indem man sie von unseren Ressourcen abhängig macht. Doch wir werden dann die Einheit des Westens zerstören und das Imperium der Sowjetunion wiederherstellen.« Zur Ehre der Deutschen sei erwähnt, dass auch George W. Bush Putin als vertrauenswürdig anerkannte, nachdem er »in seine Seele geblickt« hatte.

Die Frage, ab wann Putin seinen Revancheplan gehabt hat, ist nicht nur deswegen nicht einfach zu beantworten, weil wir keinen Zugang zu den einschlägigen Dokumenten und erst recht nicht zu seinen Intentionen haben, sondern weil auch ein terminologisches Problem vorliegt. Was bedeutet es, einen Plan zu haben? Setzt ein Plan schon einen Willen voraus, oder reicht eine Velleität? »Velleität« stammt von dem Konditional des lateinischen Wortes »velle«, das »wollen« bedeutet, ab und wird etwa von den mittelalterlichen Scholastikern verwendet. Es bezieht sich also auf das, was man wollen würde, wenn man nur könnte. Wenn man aber weiß, dass man bestimmte Dinge wenigstens derzeit nicht tun kann, will man sie nicht wirklich, sondern wünscht sie sich nur – wenn man auch vielleicht hofft, mit der Zeit in eine Situation zu kommen, in der sie sich realisieren lassen.

In diesem Sinne scheint es mir plausibel, Putin habe vom Anfang seiner Herrschaft an zumindest Velleitäten mit Bezug auf die Wiederherstellung der Sowjetunion gehabt, die aber erst dann zu wirklichen Willensakten wurden, als er sich von der Schwäche des Westens und damit der Verwirklichbarkeit seiner Wünsche überzeugte. Entscheidend war für ihn zunächst, die Wirtschaft in Ordnung zu bringen. Erst wenn das getan war, konnte der nächste Schritt, derjenige der Eroberung, angegangen werden. Ob die wirtschaftliche Stabilisierung von Anfang an primär einem militärischen Plan untergeordnet war oder ob dieser Plan sich erst formte, als die wirtschaftlichen Erfolge ihn machbar erscheinen ließen, ist, wie gesagt, für mich unentscheidbar. Doch wenn nicht schon der Wille, muss wenigstens die Velleität von Anfang an vorgelegen haben.

Hähnel:

Aber wenn Putin schon seit langem diesen Krieg ins Auge gefasst hatte, warum schlug er 2022 los? Gab es auch einen Kairos?

Hösle:

Der Kairos war in der Tat jetzt endlich da, wenn auch nicht ganz so, wie es sich Putin vorgestellt hatte. Die sehr schwachen Reaktionen des Westens nach dem Krieg gegen Georgien waren sicher eine Ermutigung für ihn, und nach der Annexion der Krim und der Unterstützung der Sezessionisten im Donbass, also in den Gebieten Donezk und Luhansk, 2014 muss er zu dem Ergebnis gekommen sein, dass das Risiko eines großen Krieges gegen die Ukraine beherrschbar sei. Da aber die innenpolitischen, finanziellen, militärischen und diplomatischen Vorbereitungen noch nicht abgeschlossen waren, kamen ihm die beiden Minsk-Abkommen gelegen, zumal sie Russland, das in dem Konflikt durchaus Partei war, wie wir nicht erst seit 2022 wissen, zugleich zum Garanten des ins Auge gefassten Friedensprozesses machten. Seit 2015 trainierte Russland in Syrien militärisch. Neben der Unterstützung des traditionell befreundeten Assad-Regimes diente das sicher auch dem Testen neuer Waffen, dem Training der Soldaten für einen viel größeren Krieg – ein wenig wie der deutsche Einsatz im Spanischen Bürgerkrieg auf den Zweiten Weltkrieg einstimmen sollte. Denn Kriegserfahrung ist auf dem Schlachtfeld oft kriegsentscheidend – ebenso wie politische Erfahrung mit Kriegen in der Innen- und Außenpolitik eines Landes, das Krieg führen muss. Die Verwendung völkerrechtlich geächteter chemischer Waffen in Syrien, aber sogar auf NATO-Territorium (in Großbritannien beim

Mordversuch gegen Sergei Skripal in Salisbury 2018, nachdem man in Gestalt des mit hochradioaktivem Polonium verseuchten Alexander Litwinenko schon 2006 eine radiologische Waffe, eine sogenannte »schmutzige Bombe«, durch London hatte laufen lassen) führte ebensowenig zu einer entschlossenen Reaktion des Westens.

Und dann kam das, was Putin seit langem erhofft und wozu er durchaus sein Scherflein beigetragen hatte – der Wahlsieg Donald Trumps in den USA, also eines Mannes, dessen Wahlkampfmanager Paul Manafort Vertreter russischer Interessen in der Ukraine gewesen war und dessen eigene ablehnende Haltung gegenüber der NATO und prorussische Neigungen offenkundig waren (auch wenn zuzugeben ist, dass erst unter seiner Regierung massiv Waffen von den USA an die Ukraine geliefert wurden; vermutlich haben verantwortliche Außenpolitiker ihm das wirtschaftlich schmackhaft zu machen gewusst).

Da ich seit 2015 mit der Möglichkeit eines russischen Angriffskrieges rechnete, ging ich nach dem Amtsantritt Trumps von einer kontinuierlich zunehmenden Wahrscheinlichkeit des Kriegsbeginns aus, da sich Putin diese Konstellation nicht entgehen lassen würde – und wurde zu Recht von Freunden kritisiert, als die Trump-Präsidentschaft vor der russischen Invasion zu Ende ging. Aber ich denke, es gibt zwei mögliche Erklärungen für Putins Entscheidung abzuwarten – die für Russland ein riesiger Fehler war, denn unter Trump hätten die USA der Ukraine nicht geholfen, die Europäer hätten, alleine gelassen, nur moralische Reden geschwungen, aber nichts getan, und das angegriffene Land hätte sich schwerlich lange halten können, weil es kaum Hoffnungen auf Unterstützung durch Waffenlieferungen gehabt hätte. Warum also hat der strategisch hochintelligente Putin diesen massiven Fehler begangen? Eine so hervorragende Kennerin von Putin und des Putinismus wie Françoise Thom, die Tochter des großen Mathematikers René Thom, des Begründers der Katastrophentheorie, eine der besten französischen Russland-Expertinnen, erklärte neulich in einem youtube-Vortrag, eigentlich habe Putin 2020 zuschlagen wollen, das sei aber durch COVID-19 verhindert worden.

Wenn das stimmt, hat die Pandemie geradezu eine providentielle Rolle gespielt.

Denkbar ist auch die alternative Erklärung, Putin habe fest mit Trumps Wiederwahl gerechnet – die ja ohne COVID-19 in der Tat erfolgt wäre – und sei davon ausgegangen, Trump hätte sich am Anfang seiner zweiten Amtszeit öffentlich von den Beistandsverpflichtungen in Artikel 5 des Nordatlantik-Vertrages verabschiedet, sofern diese nicht im Interesse der USA seien, was fast die gleiche Wirkung wie der schwerer durchzusetzende formelle Austritt aus der NATO gehabt hätte. In beiden Szenarien wäre, ohne Unterstützung der USA, eine langfristig erfolgreiche Selbstverteidigung der Ukraine kaum möglich gewesen.

Der *Tag* des Kriegseintritts ist vielleicht symbolisch gewählt worden – Symbole spielen ja in Osteuropa eine zentrale Rolle. Ein Beginn im Winter war zwar notwendig, weil bei einem Angriff von Belarus aus die Sümpfe im Norden der Ukraine gefroren sein mussten, und die Olympischen Spiele mussten abgeschlossen sein, um die Chinesen nicht zu brüskieren. Der 21. Februar 2022, an dem Putin die Republiken Donezk und Luhansk anerkannte, war freilich der achte Jahrestag der Unterzeichnung des Abkommens zwischen ukrainischer Regierung und Opposition, den auch die Außenminister Polens und Deutschlands unterschrieben. Am nächsten Tag erfolgte die Flucht des russlandtreuen Präsidenten Wiktor Janukowytsch aus Kiew und kurz darauf seine schwerlich verfassungsgemäße Absetzung durch das Parlament. Am 24. Februar 2014 erkannte die Europäische Kommission die Entscheidung des Parlamentes an, und Putin nahm dafür auf den Tag genau acht Jahre später mit dem Kriegsbeginn seine Rache.

Vermutlich spielten bei der Verschiebung des Kriegseintrittsjahres auch Faktoren wie das Füllen der Kriegskasse, die intelligente Antizipation der Gegenmaßnahmen zu den erwartbaren wirtschaftlichen Sanktionen des Westens, die Beseitigung des freien Internets in Russland (China war da schon weiter), die Liquidation potentiell gefährlicher politischer Gegner wie Alexei Nawalny, dessen persönliches Charisma Putin zu Recht fürchtet, und die Interessenabstimmung mit China eine Rolle.

Natürlich hat der Krieg Putin Gelegenheit gegeben, den Weg zu einem totalitären Staat, der schon weit fortgeschritten war, zu beschleunigen; und vermutlich ist das ein weiterer Grund für den Kriegseintritt, auch wenn die offizielle Argumentation in Diktaturen stets diese ist, dass innenpolitische Einschränkungen leider wegen des Kriegszustandes erforderlich seien. Seit März 2022 erscheint die *Nowaja Gaseta* nicht mehr in Russland, nachdem schon seit 2015 über sie das Damoklesschwert eines Verbotes hing – eine der ganz wenigen unabhängigen, wirklich beeindruckenden russischen Zeitungen. Sie gehörte zu 10 % Gorbatschow, mehrere ihrer todesmutigen investigativen Journalisten wie etwa Anna Politkowskaja sind ermordet worden, ihr Chefredakteur Dmitri Muratow erhielt 2021 den Friedensnobelpreis. Außerhalb Moskaus hatte sie freilich wenig Wirkung, da sich die Menschen in der Provinz primär über das völlig vom Kreml gelenkte Staatsfernsehen politisch informieren, und deswegen war jene Zeitung vor Kriegsbeginn keine große Gefahr für die Autokratie. Trotzdem ist ihr innerhalb einer Woche nach dem Tode Gorbatschows am 30. August 2022 die Lizenz entzogen worden.

Hähnel:

Danke für diese interessanten Ausführungen, die einerseits einen großen Bogen spannen, andererseits auch einige, bislang wenig beachtete Details freilegen. Gehen wir zur Abwechslung mal wieder auf die eher theoretische Ebene: In *Globale Fliehkräfte* gehen Sie ja – grob verkürzt dargestellt (Verzeihung!) – davon aus, dass das aktuelle Weltgeschehen, wie der Titel schon sagt, vornehmlich durch ein wie auch immer zustande gekommenes Wirken zentrifugaler, letztlich die soziale Kohäsion bedrohenden Kräfte bestimmt wird, was sicherlich der zunehmenden Pluralisierung unserer Weltgesellschaft geschuldet ist. Nun zeichnet sich aber durch den Ukrainekrieg ein interessantes, vielleicht neues Bild ab bzw. es wird vermutlich jetzt deutlich, wohin die Kräfte (wenn sie nicht richtungslos waren) jetzt fliehen bzw. um welches Zentrum sich diese bündeln. Wie können Sie sich dieses Phänomen erklären?

Hösle:

Große Kriege führen naturgemäß zu Polarisierungen, wenn sich die Überzeugung ausbreitet, Neutralität sei noch riskanter als Kriegsteilnahme auf einer der beiden Seiten, weil der Neutrale dem Sieger zur Beute fallen werde. Das gilt aber natürlich nur für einen schwachen neutralen Staat – ein starker neutraler Staat wie China mag vielmehr hoffen, bei einem schrecklichen Konflikt zwischen dem Westen und Russland der lachende Dritte zu sein, dem die Weltherrschaft in den Schoß fallen werde, wer auch immer der beiden Kontrahenten gewinnt, weil der Sieger ein Pyrrhussieger, also völlig geschwächt sein werde. Ob China aufs Abwarten setzt, ob es versuchen wird, die Gunst der Stunde zu nutzen und Taiwan zu annektieren (wobei es dazu völkerrechtlich viel eher legitimiert ist als Russland bei der Invasion der Ukraine), selbst wenn dies einen militärischen Konflikt mit den USA bedeutet, ist schwer vorherzusagen. Ich kann nicht Chinesisch und enthalte mich jeder Prognose.

Neben Chinas wohlwollender Neutralität war natürlich die Zusammenarbeit von Belarus für Putin entscheidend. Zwar gab es eine realpolitisch nicht viel besagende Russisch-Belarussische Union seit 1999, aber in den letzten Jahren, und verstärkt seit Kriegsbeginn, kontrolliert Russland inzwischen Belarus weitgehend. Zwar hat bisher Belarus sich geweigert, an dem Krieg teilzunehmen, obwohl es das eigene Land als Aufmarschgebiet für russische Truppen hergibt, was eine Verletzung der Neutralität darstellt. Der Grund, warum Aljaksandr Lukaschenka bisher keine Truppen schickt, ist schwerlich ein moralischer, sondern dass er genau weiß, dass die Bevölkerung mit großer Mehrheit dagegen ist. Es gab ja sogar Sabotageaktionen an den Gleisen der Züge, die russische Truppen aus Belarus in die Ukraine transportieren. Putin wird natürlich unter gar keinen Umständen zulassen, dass die Demokratie eingeführt wird in ein Land, in dem ja anders als in der Ukraine Russisch eine der beiden Amtssprachen ist – daher seine Unterstützung 2020 für die Wahlfälschungen Lukaschenkas, der sich nun Putin unterordnen muss, auch wenn er sich verzweifelt gewisse Spielräume zu bewahren sucht. Am Anfang seiner Karriere hat er zwar versucht, zwischen dem Westen und Putin zu lavieren, aber als Ziel hatte er, seine Herrschaft auf Lebenszeit zu garantieren bzw. sie an seinen Sohn zu vererben. Lukaschenka hat dann das eigene Volk verraten, als er merkte, dass es ihn nicht mehr als Landesvater haben wollte, und hat sich Putin weitgehend ausgeliefert. Putin hat die formale Gleichberechtigung beider Staaten (die in Wahrheit eine *societas leonina* ist, in der der Löwenanteil dem viel Stärkeren zufällt) dadurch symbolisiert, dass er kurz vor der Anerkennung der beiden Republiken am 21. Februar und dem Befehl zur sogenannten »speziellen Militäroperation« am 23. Februar (der Überfall selbst begann am 24 im Morgengrauen) sich mit Lukaschenka zu gemeinsamen Manövern traf, die bis zum 20. dauerten. Das war darstellungsmäßig großartig gemacht, denn Putin weiß, dass symbolische Handlungen zur Macht gehören und eine zentrale Rolle dabei spielen, Menschen, die immer weniger in der Lage sind, komplexe Argumente zu verstehen, mit Bildern klarzumachen, worum es geht. Der gemeinsame Auftritt Putins und Lukaschenkas sollte den eigenen Bevölkerungen, ja, der ganzen Welt zeigen, dass Belarus im bevorstehenden Krieg mit Russland im selben Boot sitzt. Und in der Tat wurde einige Tage später, am 27., die Verfassung in Belarus durch Referendum weitgehend geändert, u.a. dahingehend, dass ein ehemaliger Staatspräsident nicht strafrechtlich verfolgt werden kann und dass Russland nun Truppen und auch Atomwaffen auf dem Territorium des Nachbarlandes stationieren kann. (Bei einem Treffen am 25. Juni beschlossen die beiden Staatsoberhäupter, russische Iskander-Raketen in Belarus zu stationieren und belarussische Suchoi SU-25 nuklear auszustatten.[5])

Die Begegnung beider Staatsmänner wurde bewusst so orchestriert, dass einerseits im Hintergrund der Manöver die Dro-

---

[5] Siehe die Wiedergabe des Gesprächs: http://en.kremlin.ru/events/president/news/page/43. Auch hier kann man nur bewundern, mit welcher rhetorischen Geschicklichkeit längst Beschlossenes sich natürlich aus dem Gesprächsfluss zu ergeben scheint. Das ist politisches Theater auf sehr hohem Niveau.

hung mit einem Atomkrieg stand. Dank der Bilder wurde andererseits der Eindruck einer Mitverantwortung Lukaschenkas für die gemeinsame nukleare Drohung vermittelt – im Sinne eines Hinweises auf die besondere Freundschaft der beiden Bruderländer, der vermutlich auch das Verfassungsreferendum beeinflussen sollte. Vielleicht hofften Putin und seine Zeremonienmeister sogar, die Aussicht, der Dritte in diesem Bündnis der ostslawischen Brudervölker zu sein, das trotz der Übermacht des Stärkeren bei den wirklich großen Entscheidungen in großmütiger Solidarität Gruppenfotos mit den kleineren Brüdern suche, könne die Ukrainer massenweise dazu motivieren, eine politische Einheit mit den Russen zu akzeptieren. Die erhoffte Wirkung traf frelich nicht ein, obwohl die Bedeutung der vorgeführten Interkontinentalraketen von Dmitri Peskow, dem Pressesprecher des Kremls, liebenswerterweise explizit hervorgehoben wurde. Putin als Staatsoberhaupt und Oberbefehlshaber der Streitkräfte sei mit dabei, weil er den berühmten Nuklearkoffer trage – man wisse schon, worum es da gehe. Diese freundliche Erinnerung sollte die Erpressung mit einem möglichen Nuklearkrieg im Hintergrund wachhalten, die Putin selbst aussprach, als er in seiner Rede unmittelbar vor Kriegsbeginn am 23. Februar jenen Staaten mit »nie erlebten Konsequenzen« drohte, die sich seinen Plänen in den Weg stellen würden, und am 27. auch die Atomwaffen in Alarmbereitschaft versetzte. Die USA ließen sich klugerweise dadurch weder einschüchtern noch provozieren. Angst zu erzeugen ist, neben dem Wortbruch und der Spaltung der Gegner, Putins zentrale Strategie, und wer ihm gegenüber Angst zeigt, hat schon verloren.

Auch bei dieser Inszenierung haben Putin und sein Stab glänzend gearbeitet. Der Abscheu vor dem moralischen Niveau dieses Mannes muss Hand in Hand gehen mit der Anerkennung dessen, was ich *kratische Intelligenz* nenne, also reflektierten Machtinstinkt. Zwar hat ihn fast jeder Politiker, aber in Europa beschränkt er sich zumeist auf Machtkämpfe im innerparteilichen Intrigantenstadl und erstreckt sich nicht auf geopolitische Pläne der Unterjochung eines ganzen Kontinents. Das spricht selbstredend für den Westen – wenigstens, solange er sich gegen solche Pläne zu wehren fähig und willens ist.

Hähnel:

Ist er das?

Hösle:

Putin hat sicher zu spüren geglaubt: Der Westen ist schwach. Diese Schwäche wurde besonders augenscheinlich im August 2021, als die westlichen Mächte Hals über Kopf aus Afghanistan flohen, in das sie fast zwanzig Jahre lang so viel Zeit, Geld und Menschenleben investiert hatten. Der Westen hatte seit Francis Fukuyamas Buch über das Ende der Geschichte oft die naive Idee, dass die ganze Welt nur darauf warte, zu dem westlichen Liberalismus und der westlichen Demokratie bekehrt zu werden. Diese funktioniert jedoch nur unter sehr komplexen sozialen und intellektuellen Voraussetzungen, die in vielen Kulturen einfach nicht gegeben sind – vielleicht *noch* nicht, aber wenigstens jetzt nicht. Zwar ist es falsch zu sagen, eine liberale Demokratie könne es nur im westeuropäischen Kulturkreis geben – Japan und Südkorea sind die klassischen Gegenbeispiele, und sie zeigen zudem, dass Kompatibilität mit der liberalen Demokratie nicht mit geographischer und kultureller Nähe zum Westen korreliert. Aber ein Stammesstaat wie Afghanistan entbehrt elementarer Voraussetzungen für einen Rechtsstaat. Ein konservativer Kommentator in den USA, den ich wahrlich nicht liebe, Tucker Carlson, hat nicht unwitzig nach der Flucht der Amerikaner von Kabul gesagt, in der Kabuler Universität hätten wohlmeinende Amerikanerinnen ein Department für Gender Studies eingerichtet, aber bei den Taliban sei das nicht gut angekommen. Und wenn man in einem Lande reüssieren will, muss man leider zur Kenntnis nehmen, dass diejenigen die wahrscheinlichsten Machthaber sind, die allein zu töten und zu sterben willens sind. Wissen Sie, warum in Syrien mit den Assads die Alawiten herrschen, eine kleine religiöse Minderheit in einem Lande, das mehrheitlich aus Sunniten besteht?

Hähnel:

Nein, aber ich wüsste es gerne. Verraten Sie es mir.

Hösle:

Weil sich die reichen Sunniten vom Militärdienst freikauften – damit dienten in der Armee sehr viele Alawiten, die auch Offiziere wurden. Und sie taten das, was aufgrund der menschlichen Natur zu erwarten ist: Sie übernahmen die politische Macht, weil sie sahen, dass die Sunniten sie zu verteidigen weder fähig noch auch nur willens waren.

Hähnel:

Sehen Sie eine Schwäche des Westens auf beiden Seiten des Atlantiks?

Hösle:

Besonders in Europa. Warum in Europa mehr als in Amerika? Weil die Amerikaner aufgrund ihres Pragmatismus immer wussten, dass staatliche Macht sowohl im Inneren als auch im Außenverhältnis ohne die glaubwürdige Drohung des Einsatzes von Gewalt nicht aufrechterhalten werden kann. Europa, und zumal Deutschland als der Hauptverantwortliche des Zweiten Weltkrieges, hat einerseits aufgrund der Katastrophen der beiden Weltkriege, die es besonders erschütterten, andererseits aufgrund des nuklearen Schutzschildes, den die USA bereitstellten, immer mehr so getan, als ob Kriege der Vergangenheit angehörten. Das sollten sie in der Tat! Aber sie tun es nicht, und wir tragen nicht dazu bei, sie in die Vergangenheit zu relegieren, wenn wir uns als wehrunfähig erweisen. Gerade in Deutschland hat sich ein billiger Moralismus ausgebreitet, der unangenehme Entscheidungen an andere delegiert, um sich an der Reinheit der eigenen Seele zu erbauen – man lehnt die Atomenergie ab und vertraut darauf, Russland würde schon die deutschen Energieprobleme lösen, man nimmt großzügigerweise viele Flüchtlinge auf, da aber offenbar nicht alle kommen können, delegiert man das Neinsagen an Halbautokratien wie die Türkei und bürgerkriegsgeschüttelte Staaten wie Libyen, man vertraut für die eigene Verteidigung auf die US-Amerikaner, denen gegenüber man sich nicht genug überlegen vorkommen kann, und zwar sowohl kulturell als auch moralisch. Man glaubt, aufgrund der eigenen wirtschaftlichen Erfolge könne man sich von allen unangenehmen politischen Entscheidungen freikaufen.

Das hat zur Folge, dass die Amerikaner mehr gefürchtet als verachtet werden, die Deutschen wenigstens von Putin mehr verachtet als gefürchtet. Und Aggression wird viel leichter gegenüber demjenigen ausgelebt, den man verachtet, als gegenüber demjenigen, den man hasst und immer noch fürchtet.

Hähnel:

Das erscheint mir plausibel. Nach dem Zweiten Weltkrieg haben sich die Deutschen (teilweise auch, weil sie dazu gezwungen worden sind) zu sehr daran gewöhnt, fehlende militärische, kulturelle und politische Stärke über wirtschaftliche Erfolge zu kompensieren, was auch zu der bequemen Einstellung geführt hat, dass man neben der »Waffe der Diplomatie« (kriegerische) Konflikte dadurch beizulegen vermochte, indem man Geld gegeben hat. So hat man viele Probleme erfolgreich auf Abstand gehalten. Eine Strategie, die Russland gerade zunichtemacht.

Hösle:

So ist es! Viele glauben, indem sie nur positive Sanktionen anbieten, schaffen sie sich nur Freunde. Und sie vergessen dabei, dass Tributzahlungen seitens desjenigen, der ökonomisch kräftig ist, aber dafür kaum militärische Schlagkraft besitzt, von dem armen, aber kräftigen Empfänger als Zeichen der Schwäche wahrgenommen werden. Das ist bei den Mongolen so gewesen und bei fast allen Nomadenvölkern, die kulturell hochstehende Reiche erpresst haben. Die Tribute wurden nicht primär als ein Zeichen der wirklichen Bereitschaft zu einer stabilen Freundschaft gesehen, sondern man empfand sehr bald, das eigene Wertsystem sei ganz anders als dasjenige der Geber.

Der ehemalige Bundespräsident Christian Wulff hat sich neulich in einem Interview darüber beschwert, dass Putin sich lustig machte über seine Versuche, ihm die liberale Demokratie zu erklären. Aber woher die Überraschung? Autokraten wie Putin haben fast nie die Absicht, die liberale Demokratie einzuführen. Nur haben sie manchmal gelernt, wie man mit Grimassen der Zustimmung den Westen täuschen kann. Auch eine hochintelligente, disziplinierte und moralische Person wie Angela Merkel, die zudem hervorragend Russisch kann, ist ja durch Putin hintergangen worden. Leider ist die historische Gesamtwürdigung der sechzehn Jahre währenden Kanzlerschaft Merkels gemischt. Sie war eine Meisterin des Ausgleichs bestehender Interessen, aber sie hat kaum langfristige Weichenstellungen vorgenommen und viel auf Symbolpolitik gesetzt. Mit den Medien konnte sie oft besser umgehen als mit Sachfragen. Die Europapolitik hat sie verschlafen, trotz Emmanuel Macrons dringlicher Einladung zur Zusammenarbeit, selbst nachdem mit der Wahl Trumps zum Präsidenten der USA die transatlantischen Beziehungen in eine schwere Krise gerieten, die sie kaum zu mildern suchte (wobei man gerne zugeben kann, dass letzteres kaum menschenmöglich war). In der Russlandpolitik hat sie geschichtlich versagt, wenn auch keineswegs aus den moralisch niedrigen Motiven ihres Amtsvorgängers. Sie hat die deutsche Abhängigkeit von russischer Energie, die entscheidend auf Gerhard Schröder, doch in einer ersten Form schon auf das deutsch-sowjetische Röhren-Erdgas-Geschäft von 1970 zurückgeht, nochmals verstärkt, und zwar trotz deutlicher Warnungen seitens oppositioneller Russen und vieler Osteuropäer. Diese Warnungen wurden in den Wind geschlagen, manchmal mit dem Argument, die Osteuropäer seien als »gebrannte Kinder« nicht objektiv – als ob derjenige, der das Feuer gut kennt, dessen Natur nicht besser einschätzen könnte als derjenige, der kaum Erfahrungen mit ihm gesammelt hat.

Gebrannte Kinder sind häufig bessere Propheten als die verwöhnten Wohlstandskinder, die sich böse Dinge gar nicht mehr vorstellen können und wollen, weil das bequemer ist. Zudem verstehen die Osteuropäer meist Russisch, und sie lasen oft die russischen Medien, die die Bevölkerung deutlich auf einen Krieg vorbereiteten. Natürlich gab es auch übertriebene Ängste – eine in den USA lebende Polin war vor einigen Jahren besorgt, weil ihre Tochter in Spanien Urlaub machte, und ich musste ihr erklären, dass auch russische Panzer nicht ganz so schnell bis zu den Pyrenäen vordringen würden. Aber in der Einschätzung der Gefährlichkeit Putins lag sie völlig richtig, wie viele andere Osteuropäer. Dies hat seit Kriegsbeginn natürlicherweise zu einem beträchtlichen Niedergang des Respekts der anderen, zumal ostmitteleuropäischen EU-Länder vor Deutschland geführt sowie zu einem Wiederaufleben der Furcht, Deutschland könne, wie so oft in seiner Geschichte, die sie keineswegs vergessen haben, auf ihre Kosten sich mit Russland verständigen.

Zwar gab es ökologische Gründe dafür, dass Merkel, nachdem sie die meines Erachtens falsche Entscheidung getroffen hatte, aus der Nuklearenergie zu früh auszusteigen (denn auch wenn die Nuklearenergie nur eine Übergangsenergie sein darf, ist sie derzeit das kleinere Übel gegenüber den fossilen Energien), immer mehr auf Gas setzte, da die Verbrennung von Kohle und Öl mehr Kohlendioxid freisetzt als die von Gas. Aber dabei wurde übersehen, dass damit die Abhängigkeit Deutschlands von Russland noch größer werden würde. Putin hingegen wusste sehr genau, wie man wirtschaftliche Abhängigkeiten vertieft – einerseits mit Schmeicheleien wie Goethezitaten, andererseits aber auch schon bald mit impliziten Drohungen, schon in der Körpersprache (man denke an die Fotos Putins mit nacktem Oberkörper). Wenn Merkel nach Moskau reiste, ließ sie Putin nicht nur warten, er liebte es, ihr mit Hunden entgegenzugehen, obwohl er, oder besser: weil er genau wusste, dass Merkel Hunde nicht mag.

Hähnel:

Aber wieso hat sich der Westen, darunter zweifellos intelligente und integre Menschen, von Russland so täuschen lassen und tut es teilweise immer noch?

Hösle:

Die Gründe sind sehr unterschiedlich in ihrer Natur und in ihrem moralischen Gewicht. Einige von ihnen erinnern an das, was in den 1930er Jahren in Frankreich und Großbritannien erfolgte, als man ebenfalls nicht sehen wollte, was sich in Deutschland vorbereitete. Dazu eine wunderbare Anekdote aus der wohl bedeutendsten und geschichtlich reichsten deutschen Autobiographie des 20. Jahrhunderts, Carl Zuckmayers »Als wär's ein Stück von mir«. Im März 1939 ist er, der es gerade noch geschafft hat, aus dem besetzten Österreich in die Schweiz zu fliehen, in Paris, und er hat einen Termin bei dem Generalinspekteur im Außenministerium Jean Giraudoux, den er aus Berlin kennt. Beide sind Schriftsteller, Giraudoux wurde allerdings keineswegs wegen seiner literarischen Verdienste ins Außenministerium befördert, sondern war ein Karrierediplomat, der zudem Romane und Dramen verfasste. Berühmt ist das pazifistisch gesinnte »La guerre de Troie n'aura pas lieu« (»Der Trojanische Krieg wird nicht stattfinden«), in dem Hektor zwar alles tut, um den Ausbruch des Krieges zu verhindern, aber dabei scheitert. Zuckmayer berichtet, Giraudoux habe ihn sehr liebenswürdig empfangen und ihm sogar vorgeschlagen, nach Frankreich überzusiedeln. Auf die besorgte Anfrage, ob nicht ein Krieg zwischen Frankreich und Deutschland drohe, habe er nur lächelnd, auf sein eigenes Drama anspielend, gesagt: »*Dieser* Krieg findet nicht statt.« Zuckmayer schreibt: »Er war ein Mann, der in die geheimsten Dossiers der Weltpolitik Einsicht hatte. Ich verließ seinen Amtssitz mit der – zum ersten Mal klaren – Entschlossenheit, Europa baldmöglichst zu verlassen.«[6] Ich gestehe, dass ich beim ersten Lesen dieser Stelle stolperte. Warum Europa verlassen, nachdem ein kompetenter Diplomat ihn gerade zu beruhigen versucht hatte? Aber genau das ist der Punkt! Wer im März 1939, nach dem »Anschluss« Österreichs und des Sudetenlandes und unmittelbar vor der Besetzung der »Rest-Tschechei«, noch an einen Frieden glaubte, war politisch völlig naiv, wenn nicht

---

[6] Als wär's ein Stück von mir. Horen der Freundschaft, Frankfurt 2013, 140.

geradezu dumm, und wenn jemand mit dieser Einstellung eine hohe Position im Außenministerium innehatte, konnte man sich von dieser Institution nicht mehr geschützt fühlen. Zuckmayer rettete durch eine Auswanderung in die USA knapp vor Ausbruch des Weltkrieges in der Tat sein Leben. Die westlichen Mächte, fasst Zuckmayer zusammen, hätten eine beträchtliche »Mitschuld sowohl am Aufstieg Hitlers wie am Zustandekommen des Krieges – womit nichts, was von deutscher Seite geschehen ist, entschuldigt werden kann. Nur soll man auch das nicht vergessen.«[7]

Auch wir wollen nicht vergessen, was zu der Blindheit Putin gegenüber beigetragen hat. Bei Schröders Positionen in russischen Energiekonzernen, u.a. als Chef des Aufsichtsrats von Rosneft, spielte sicher die »Kohle« mit (und ich meine damit nicht die fossile Energie), daneben vermutlich eine auf eine gemeinsame Antipathie gegenüber den USA zurückgehende, während des Kriegs gegen den Irak von 2003 gefestigte Männerfreundschaft. Bei Merkel sehe ich keine wirtschaftlichen Eigeninteressen – wohl aber den Wunsch, Deutschland billige Energie zu sichern, was natürlich auch ihrer eigenen Wiederwahl zugute kam. Manuela Schwesigs Einsatz für Nord-Stream 2 und zumal ihre Unterstützung der skandalösen Stiftung des Landes Mecklenburg-Vorpommern für Klimaschutz und Bewahrung der Natur wird man irgendwo dazwischen ansiedeln.

Bei den Sozialdemokraten war ein großer Stolz da, durch die erfolgreiche Ostpolitik Willy Brandts zum Ende des Kalten Kriegs beigetragen zu haben. Damals wurden durch jemanden wie Egon Bahr Kanäle zu sehr eindrucksvollen sowjetischen Politikern aufgebaut, und da kaum einer der heutigen Politiker Russisch kann und die russische Kultur in ihrer Tiefendimension versteht, begriff man kaum den radikalen Wandel des Menschentypus, der in den 1990er Jahren in Russland eintrat. Bei den Menschen in den neuen Bundesländern schwingen oft Erinnerungen an die komplexen, keineswegs nur negativen emotionalen Beziehungen zur Sowjetunion mit. Bei den Rechtsradikalen sprach sich in den »Putin,

---

[7] Op. cit., 138.

hilf uns«-Rufen der Merkel-Jahre die oft sexistisch begründete Sehnsucht nach einem starken Mann an der Spitze des Staates aus. In solch einem Umfeld gelten wie in der Fabel vom Lamm und dem Wolf die Ukraine oder gar die baltischen Staaten als der eigentliche Provokateur und Kriegstreiber. Bei den ehemaligen Kommunisten ergibt sich die Verharmlosung Russlands aus einem weiterbestehenden Affekt gegen die USA, wobei man die Augen gegenüber der offenkundigen Tatsache verschließt, das heutige Russland habe eine viel höhere soziale Ungleichheit als die westeuropäischen Staaten, setze also das sozialistische Projekt gerade nicht fort.

Eine Faszination vor der großartigen russischen Literatur spielte eine Rolle bei der Verharmlosung der höchst beunruhigenden politischen Vorgänge, die inzwischen eintraten, durch Geisteswissenschaftler. Einige Intellektuelle liebten Pasternak zu sehr, um Putin gram zu sein. Ein Literaturwissenschaftler erklärte mir, die hohe Qualität von Swjaginzews Film »Leviathan« nehme ihn für das heutige Russland ein: Die Begeisterung für die in der Tat großartige Darstellung ließ ihn offenbar das Dargestellte – den kriminellen russischen Staatsapparat und die Zerstörung der Unabhängigkeit der Justiz – übersehen. Er blickte mit kunstwissenschaftlichem Sinn auf die poetischen Qualitäten des Films, der viel besser ist als das, was der Westen heute zustande bringt. Man sollte dagegen auch mit sozialwissenschaftlichem Verstand sich den Film ansehen, denn er sagt etwas über die soziale Realität. Und man soll nicht nur auf das blicken, was den Film gut macht, sondern auch auf das, was der Inhalt des Filmes ist.

Auch ist das nicht unbegründete schlechte Gewissen angesichts des Verhaltens des Westens gegenüber Russland in den 1990er Jahren zu nennen – man erinnere sich daran, dass das britische Appeasement gegenüber Deutschland in den 1930er Jahren sich manchmal speiste aus Schuldgefühlen wegen des ungerechten Friedensvertrags von Versailles. (Daneben war die Angst vor der Sowjetunion damals ein Grund der Verblendung, so wie heute zumal in den USA die Angst vor China.) Bei den Deutschen kam erschwerend die Erinnerung an den eigenen Überfall auf die Sowjetunion 1941 und die dortigen Gräueltaten hinzu – leider selten verbunden mit einem Bewusstsein davon, dass von allen sowjetischen Republiken am meisten Belarus und die Ukraine litten, ihnen gegenüber also besondere Kompensationspflichten bestehen. Timothy Snyders klassisches Buch »Bloodlands« zeichnet das Leiden dieser Republiken und der Nachbarländer ergreifend nach.

Gefördert wurde die fast alle Parteien durchdringende Verharmlosung der sich für intelligente und kundige Beobachter immer deutlicher aufbauenden russischen Gefahr auch durch ein bekanntes sozialpsychologisches Phänomen, das sogenannte Gruppendenken (der Terminus geht auf Irving Janis zurück, der von groupthink sprach). Jedem, der aus dem Ausland nach Deutschland zurückkehrt, fällt die Stromlinienförmigkeit der deutschen politischen Diskurse auf. Das ist einesteils eine Erleichterung, wenn man daran denkt, wie in den USA die unterschiedlich ausgerichteten Medien miteinander inkompatible Geschichten erzählen, die das Land immer mehr spalten. Anderteils hat die deutsche Integration der politischen Meinung im Mainstream zwei negative Konsequenzen – wer seine Ideen in ihnen nicht ernst genommen fühlt, neigt erstens zum Radikalismus, weil er der sogenannten »Lügenpresse« nichts mehr abnimmt, und intelligente alternative Ansichten bekommen zweitens kaum eine Chance auf eine ernsthafte Erörterung. Das erhöht die Irrtumsanfälligkeit der veröffentlichten Meinung beträchtlich, da ja in Talkshows, wie der brillante Aphoristiker Detlev Piltz in „Echtzeit" schreibt, niemand mehr eine Meinung hat, aber jeder genau weiß, welche Meinung er zu haben hat. Immerhin kam es am 11. Dezember 2014 zu einem Gegenaufruf sehr kompetenter Osteuropahistoriker und Slawisten gegen den Appell für eine andere Russlandpolitik »Wieder Krieg in Europa? Nicht in unserem Namen!«, der sechs Tage früher zu einem Ausgleich mit Russland aufgerufen hatte. Aber es ist richtig zu sagen, dass jener Appell dem Zeitgeist entgegenkam und viel eher rezipiert wurde als die unvergleichlich kompetentere Erwiderung.

Denn das Gefühl war weitverbreitet, einen Krieg in Europa werde es nicht geben (die tödlichen Auseinandersetzungen in der

Ostukraine bezeichnete man deswegen bis 2022 meist nur als »Konflikt«), weil man sich ihn gar nicht vorstellen wollte und konnte. Das ist ein bisschen wie die berühmte Schlussfolgerung von Herrn Palmström in Christian Morgensterns »Die unmögliche Tatsache«, der nach einem tödlichen Autounfall sich ins Leben zurückbeweist. »Weil, so schließt er messerscharf, nicht sein kann, was nicht sein darf.« Man blicke nur auf die deutsche Verteidigungspolitik der letzten Jahrzehnte! Es ist ein Skandal, welch geringen Grad der Abwehrbereitschaft ein so reiches Land wie Deutschland hat. Gewiss, seit der Zeitenwende sollen 100 Milliarden Euro in die Bundeswehr gepumpt werden.

Hähnel:

Aber dann fragt man sich nicht nur, woher das Geld kommt, sondern auch, wohin es gehen soll. Ich habe den Eindruck, dass – zumindest kurz- und mittelfristig betrachtet – das größte Problem nicht die Beschaffung der 100 Milliarden € (eine »Bazooka« mehr oder weniger!) ist, sondern die Frage, wie man das Geld nicht nur in geeignete Militärtechnik, sondern in ebenfalls geeignetes (!) Personal stecken will.

Hösle:

Das ist absolut richtig, was Sie sagen! (Von der Finanzierungsfrage wollen wir einmal ganz absehen.). Schon Machiavelli diskutiert in den »Discorsi« (II 10) die Frage: Was ist letztlich stärker, Soldaten oder Geld? Machiavelli antwortet zu Recht: Wenn man Soldaten hat, kann man sich das Geld holen. Wer aber Geld hat, kann allein mit dem Geld Soldaten nicht immer beschaffen. Es ist naiv zu glauben, und es ist typisch deutsch, dass man glaubt, mit einer großen Milliardensumme alleine ließen sich militärische Gefahren abwehren. Die Waffen müssen bedient werden, und nicht allein von Drohnen. Man braucht Soldaten, und diese müssen bereit sein, ggf. unter Einsatz ihres eigenen Lebens zu töten. Dass ein Staat darauf nur unter ganz seltenen Bedingungen verzichten kann und dass diese Bedingungen nicht mehr gegeben sind, hat man nicht wahrnehmen wollen, und zwar aufgrund eines Infantilisierungsgrades der deutschen Gesellschaft, der geschichtlich nur selten auftritt. Zumal im Zeitraum von Dezember 2021 bis Februar 2022, als sich der Angriff auf die Ukraine von drei Seiten aus vorbereitete, hatte die Realitätsverleugnung, ungeachtet aller schamlos wiederholten Lügen der Russen, das Niveau von Gottlieb Biedermann in Max Frischs Drama »Biedermann und die Brandstifter« erreicht – und wie bei diesem hat man bei Personen wie Sarah Wagenknecht von dem auszugehen, was Jean-Paul Sartre »mauvaise foi« nennt, also »existenzielle Unaufrichtigkeit«. Die USA und die Briten haben dagegen, sicher auch aufgrund besserer Geheimdienste, den Krieg korrekt vorhergesagt. Aber schon der gesunde Menschenverstand sagte einem, dass Blutbanken in Lazaretten an der Grenze zur Ukraine nicht einfach zum Spaß errichtet wurden.

Dass die Russen, anders als Hitler am 31. Oktober 1939 in Gleiwitz, auf die Herstellung eines Vorwandes verzichteten, verdankt sich sicher der Tatsache, dass die USA dies angekündigt hatten. Ich vermute, dass zu den erwogenen Optionen eine Sprengung der die Krim mit Russland über die Straße von Kertsch verbindenden Brücke, angeblich durch ukrainische Saboteure, gehörte, denn Pravda.ru sprach mehr als einmal davon, man habe derartige Akte gerade noch verhindert. Im übrigen war das bei der Eröffnung der Krim-Brücke publizierte Bild von Putin in der Lokomotive des die Brücke erstmals überquerenden Zuges ein Zitat und eine Abwandlung eines berühmten sowjetischen Plakates mit Stalin als Lokomotivführer, der die Reise vom Herkunftsbahnhof Sozialismus zum Zielbahnhof Kommunismus steuert. Man bemerke, wie die zeitliche durch die räumliche Dimension abgelöst wurde, die Geschichtsphilosophie durch die Geopolitik – dem neuen Führer geht es nicht um sozialen Fortschritt, sondern um territoriale Expansion. Die Sprengung der Brücke am 8. Oktober geht aber wahrscheinlich tatsächlich auf die Ukraine zurück.

Die verteidigungspolitische Stimmung in Deutschland war seit langem verantwortungslos. Die Aussetzung der Wehrpflicht erfolgte nicht etwa 1995, sondern 2011 unter Karl-Theodor zu Guttenberg, also zu einer Zeit, als die großangelegten und sehr erfolgreichen Militärreformen Russlands in vollem Gang waren.

Auf ihn folgten drei weibliche Verteidigungsministerinnen, was an sich evidenterweise völlig legitim ist (Annalena Baerbock ist als Außenministerin an Realismus und Willensstärke ihrem Vorgänger Heiko Maas deutlich überlegen), von denen aber keine eine besondere verteidigungspolitische Kompetenz hatte oder hat, was auch durch das unselige deutsche Rotieren von Ministerium zu Ministerium gefördert wird. (Lloyd J. Austin, der derzeitige US-amerikanische Verteidigungsminister, ist dagegen als General hochkompetent, käme aber nie auf den Gedanken, ein anderes Ministerium anzustreben.) Die drei deutschen Verteidigungsministerinnen symbolisierten eine Feminisierung des Militärs, deren Ausdruck etwa die Einführung von Krabbelstuben für Soldatenkinder war – zweifelsohne eine liebenswürdige Idee, die aber in der Zeit unmittelbar vor der Zeitenwende auf der Prioritätenliste wohl etwas zu weit nach oben gerückt war. Auch die ausführliche Berichterstattung zu rechtsradikalen Kräften in der Bundeswehr – die selbstredend entfernt gehören – lenkte von der Tatsache ab, dass es einen noch gefährlicheren Feind außerhalb des Landes gab.

Das verteidigungspolitische Versagen ist keineswegs auf Deutschland beschränkt. Dass die NATO im Juni 2022 beschloss, ihre schnelle Eingreiftruppe (*response force*) von 40.000 auf mehr als 300.000 zu erhöhen, also fast zu verachtfachen, deutet darauf hin, dass eine große Lücke bestand. Die Europäische Union hat es zudem nicht geschafft, so etwas wie eine gemeinsame EU-Verteidigungs- und Außenpolitik zu entwickeln. Die EU hat sich vollständig darauf konzentriert, die positiven Sanktionen auszuarbeiten, das heißt das Funktionieren der Ökonomie sicherzustellen. Man hat das aus zwei Gründen getan. Der erste war, dass es in einem Kontinent wie Europa mit einer langen Geschichte von Staaten, die gegeneinander Kriege geführt haben, sehr schwierig war, sich zu Souveränitätsverzichten im außen- und verteidigungspolitischen Bereich bereit zu erklären, weil die Erinnerung an den Kampf gegeneinander einfach zu stark war. Das gegenseitige Misstrauen war zu groß.

Hähnel:

Das kann man durchaus verstehen, setzt aber voraus, dass jeder versucht, das »Gleichgewicht des Misstrauens« aufrechtzuerhalten, um sich dann bestenfalls zu anderen Staaten in ein solidarisches Verhältnis zu setzen. Dieses Gleichgewicht hat Putin jetzt massiv gestört und stört es noch immer.

Hösle:

Der andere Grund war, dass eine gemeinsame Außenpolitik der EU gar nicht nötig schien, weil man ja unter dem nuklearen Schild der NATO war, der im Wesentlichen von den USA getragen wurde, obwohl es auch zwei westeuropäische Atommächte gibt, Frankreich und Großbritannien, das inzwischen die EU verlassen hat. Man hat zwar einen Hohen Vertreter der Union für Außen- und Verteidigungspolitik ernannt, der aber letztlich nur vermitteln kann. Der hat zwar seinen diplomatischen Stab, aber die autokratischen Realpolitiker grinsen, wenn sie mit jemandem konfrontiert werden, der keine reale Macht hat. Während der verzweifelten diplomatischen Versuche, den Krieg zu verhindern, in den zwei Monaten vor Kriegsbeginn haben wir erlebt, wie beleidigt die EU war, weil zwar Russland bilateral mit den USA und multilateral im NATO-Russland-Rat und in der Organisation für Sicherheit und Zusammenarbeit in Europa (OSZE) verhandelte, aber eben nicht mit der EU.

Doch ist die Beleidigung dadurch, dass man nicht zu Konferenzen eingeladen wird, kindisch, wenn man nicht wirklich liefern kann. Die politische Selbstbefriedigung mit Symbolpolitik war in meiner Jugend viel geringer, weil die Erinnerung an den Zweiten Weltkrieg bei den Erwachsenen noch sehr frisch war, die deutschen Städte zeigten noch die Narben der Verwüstungen, und Gespräche mit Ausländern ließen schnell die schrecklichen Vorgänge wieder aufleben. Die Möglichkeit eines neuen großen Krieges, ja, eines Atomkriegs, wurde als sehr real empfunden. Und wir alle haben tief aufgeatmet, als wir in den 1990er Jahren mit dem vorübergehenden Ende des Kalten Krieges, der jetzt ein heißer Krieg geworden ist, befreit ausrufen konnten: »Wir brauchen nicht mehr mit dieser Angst zu leben!« Aber diese Angst war in vielem heilsam, weil sie uns wachsam machte und weil sie uns eine gewisse Tiefe des Bewusstseins gewährte. In dem goldenen Vierteljahrhundert, so nenne ich die Zeit zwischen 1989 und 2014 in meinem Buch »Globale Fliehkräfte«, hat sich eine Spaßgesellschaft entwickelt, die zum Teil auch die Politik kooptiert hat, die nun ebenfalls die Aufgabe zugewiesen bekommen hat, ein gelangweiltes Publikum zu unterhalten, und die kaum mehr das Bewusstsein drohender Tragödien als eines leider unabänderlichen Anteils der menschlichen Natur hat. Und da kommt jetzt langsam, und immer wieder verdrängt, ein bitterböses Erwachen, dass Gott andere Pläne für diese Welt hat. Dieses Erwachen ist schmerzlich, bietet aber auch eine Chance. Denn statt des in den 1980er Jahren berühmten Satzes: »Stell dir vor, es ist Krieg und keiner geht hin« sagen die Nachdenklicheren heute: »Stell dir vor, es ist Krieg, und nur eine Seite geht hin. Die andere wird dann eben niedergemacht.«

Hähnel:

In der deutschen Diskussion zur Friedensethik und -politik war bis zum 24. Februar die sogenannte Interdependenztheorie, die besagt, dass die gegenseitige Abhängigkeit der Staaten und deren Bedürfnis nach Interessensausgleich so stark ist, dass jeder Konflikt friedlich und auf diplomatischem Wege gelöst werden kann, maßgeblich. Das hat sich jetzt geändert. Was denken Sie: Welche Konzepte sollten für eine zukünftige Friedensforschung bindend sein? Gibt es vielleicht sogar ein Revival einer nicht-pazifistischen Theorie des gerechten Krieges? Was empfehlen Sie hier Europa, das im Unterschied zu den USA immer große Probleme mit einer nicht-pazifistischen Idee des gerechten Krieges hat?

Hösle:

Die Interdependenztheorie geht auf den klassischen Liberalismus zurück und seine These, der Welthandel werde die Kriege ersetzen. Die These ist keineswegs absurd – die Abnahme von Kriegen in den letzten Jahrzehnten ist sicher auch eine Folge der wirtschaftlichen Verflechtung, ganz besonders innerhalb Westeuropas. Aber eine Garantie gegen den Krieg ist sie nicht, zumal dann nicht, wenn die wechselseitigen Abhängigkeiten ganz unterschiedlicher Natur sind, also eine Seite sich viel eher mit dem Abbruch der Wirtschaftsbeziehungen abfinden kann als die andere. Daher muss in der Tat die Welthandelspolitik begleitet sein von einer Theorie des gerechten Krieges als *ultima ratio*. In den USA war das immer so, innerhalb Europas in Deutschland wohl am wenigsten, weil Deutschland von der eigenen Schuld am Zweiten Weltkrieg oft daran gehindert wird, anzuerkennen, dass die Ungerechtigkeit des von Deutschen geführten Krieges einherging mit der Gerechtigkeit des von der anderen Seite geführten Verteidigungskrieges. Das ist zwar nicht logisch, aber doch psychologisch erklärbar, auch wenn die Unfähigkeit zum Perspektivenwechsel auf eine Form der Selbstbezogenheit verweist, ebenso wie die manchmal schwer erträgliche Selbstgerechtigkeit gegenüber den USA, von denen man sich gleichzeitig schützen lässt. Sicher haben die USA in ihrer Außenpolitik viele Fehler und auch Verbrechen begangen, aber die reine Seele, die sich die Hände nicht schmutzig machen will, weil sie darauf vertraut, dass andere es für sie tun, und sie dann mit sauberem Zeigefinger auf sie weisen kann, ist keine moralisch überzeugende Alternative.

In meinem Buch »Moral und Politik« gilt dem Thema des gerechten Krieges ein langes Kapitel – einschließlich der Frage der nuklearen Abschreckung. Ich bin selbst zum politischen Denker eigentlich in den Jahren der Nachrüstungsdebatte geworden. Sogar eine Freundschaft ist zerbrochen, weil ich mich weigerte, gegen die Stationierung der Pershings zu protestieren, da ich die Argumente von Helmut Schmidt zugunsten ihrer völlig vernünftig fand. Das hat mich damals sehr motiviert, über diese Fragen nachzudenken und mich zu beschäftigen mit Geschichte, mit Militärpolitik, mit Spieltheorie. Einige Leser meines Hauptwerkes sagten mir schon 1997, das Thema des gerechten Krieges oder gar der nuklearen Abschreckung sei doch jetzt obsolet geworden, aber es war unschwer vorherzusehen, dass diese Probleme leider der Menschheit verbleiben werden, weil zwar Waffen reduziert werden können und sollen, aber das Wissen, wie man sie baut, und die menschliche Aggressivität nicht verschwinden. Die Prinzipien der Theorie der gerechten Kriegsgründe (über gerechte Kriegsführung will ich heute nicht reden) sind im Wesentlichen diese. Ausschließlich Verteidigungskriege sind erlaubt, diese sollen aber normalerweise auch geführt werden, weil nur so Anreize zu Angriffskriegen wegfallen. Gerechtigkeit besteht nicht nur darin, kein Unrecht zu tun, sondern auch in der Abwehr des Unrechts, natürlich nur nach eigenen Kräften. Der Aggressor soll einen Preis für seine Taten zahlen, auch wenn das nicht bedeutet, dass man bis zum eigenen Untergang zu kämpfen hat. Das Recht zur Abwehr eines Angriffs ist nicht auf die Selbstverteidigung beschränkt – auch einem zu Unrecht Angegriffenen darf man helfen. Wünschenswert sind sicher Mechanismen der kollektiven Sicherheit, die alle Aggressoren in die Schranken weisen. Allerdings ist es sattsam bekannt, dass der Völkerbund den Zweiten Weltkrieg nicht verhindern konnte und dass Aktionen der Vereinten Nationen zur kollektiven Abwehr eines Angriffskrieges nach Kapitel VII ihrer Charta nur zweimal erfolgt sind. Das erste Mal war dies im Koreakrieg 1950 der Fall, weil damals Taiwan den Sitz Chinas wahrnahm und die Sowjetunion den Fehler begangen hatte, aus Protest dagegen zeitweise den Sicherheitsrat zu verlassen. Das zweite Mal geschah es im Krieg gegen Irak 1991 nach der Annexion Kuwaits – der Sicherheitsrat war sich damals einig, dass die Annexion eines fremden States nicht geduldet werden könne, denn der Kalte Krieg war anscheinend zu Ende gegangen. Bis 2022 sind Kriege mit einer derartigen Absicht auch nicht mehr erfolgt. Heute haben wir eine ähnliche Situation, aber da der Aggressor ständiges Mitglied des Sicherheitsrates mit Vetorecht ist, blockiert er Maßnahmen nach Kapitel VII.

Vom Sicherheitsrat ist daher keine Lösung des gegenwärtigen Konfliktes zu erwarten, und es ist entweder dumm oder heimtückisch, von der Ukraine zu verlangen, sie solle sich auf eine von den Vereinten Nationen garantierte Neutralität festlegen. Denn im Falle von deren Verletzung durch Russland (und Putin hat keinen Zweifel daran gelassen, dass er die Staatlichkeit der Ukraine nicht anerkennt) würde natürlich ein russisches Veto Maßnahmen des Sicherheitsrates verhindern. Angesichts der Größe der beiden Konfliktparteien könnte etwa auch die Türkei nicht als Garant auftreten – im Grunde kommt nur ein Verteidigungsbündnis mit den USA als Mitglied, also die NATO, in Frage. Und da die NATO, anders als die USA, nur einmal den Verteidigungsfall erklärt hat (2001 nach dem 11. September, und über diesen Krieg gegen Afghanistan hat sich Putin nie beschwert, auch nicht in seiner Rede vom 23. Februar 2022, denn nach einem vergleichbaren Attentat hätte Russland nicht anders als die USA gehandelt), gibt es keinen historischen Grund, vor einem Angriff der NATO Angst zu haben.

Die NATO-Zugehörigkeit der ehemaligen Sowjetrepubliken ist für Putin nur deswegen ein Affront, weil sie die Wiederaneignung alten Territoriums erschwert bzw. unmöglich macht. Dass sich die Russen zur Beruhigung ihres Gewissens in eine Verfolgungspsychose hineingesteigert haben, ist nicht auszuschließen; aber sie ist ebensowenig ein Rechtfertigungsgrund für ihre Taten wie Hitlers wahnhafte, aber wohl reale Angst vor dem »Weltjudentum« (man denke an sein Politisches Testament). In Verhandlungen darf man sie nicht ignorieren, aber man kann nicht zentrale Prinzipien einer völkerrechtsbasierten Ordnung wie das Recht zur freien Wahl von Bündnispartnern nur deswegen aufgeben, weil das mit Abstand größte Land der Erde sich nur dann sicher fühlt, wenn es riesige Regionen um sich hat, in denen es sich wie in seinem Hinterhof aufführen kann. Von Psychosen kann sich eine Nation nur dann befreien, wenn sie feststellt, dass sie kontraproduktiv sind – so wie Putin bisher hauptsächlich dies erreicht hat, dass Schweden und Finnland ihre Neutralität aufgeben und in die NATO eintreten wollen und der Ratifizierungsprozess gut voranschreitet, also genau das Gegenteil von dem, was Putin erzielen wollte, nämlich die Verhinderung längerer Grenzen zwischen NATO-Staaten und Russland. (Ähnlich hat 1956 die sowjetische Invasion Ungarns die während der Suezkrise erfolgte Entfremdung zwischen den USA auf der einen und Frankreich und Großbritannien auf der anderen Seite schnell wieder geheilt.)

Wenn die Vereinten Nationen nicht tätig werden können, stellt sich für jeden einzelnen Staat die Frage, ob er dem Angegriffenen helfen will. Das ist keineswegs immer möglich, und selbst wenn es machbar wäre, kann ein Staat, der zunächst einmal für das Leben der eigenen Bürger verantwortlich ist, nur selten deren Leben aufs Spiel setzen. Lassen Sie mich Ihnen ein konkretes Beispiel geben: Nach dem Hitler-Stalin-Pakt hat Russland auch Finnland angegriffen, das bis Ende 1917 zu Russland gehörte. Frankreich und Großbritannien, die zwar Hitler den Krieg erklärt, aber sonst nicht viel gemacht hatten, wollten Finnland helfen. Damit wären Großbritannien und Frankreich in einen Zweifrontenkrieg gegen die Sowjetunion und gegen Deutschland geraten, der absolut nicht zu gewinnen gewesen wäre. Denn es war schwer genug, mithilfe der USA und der Sowjetunion Deutschland zu besiegen. Gott sei Dank scheiterte der Plan an Norwegen und Schweden, die keinen Durchgang fremder Truppen durch ihr Territorium gestatteten. (Finnland konnte schließlich dank tapferen Widerstandes trotz territorialer Verluste die eigene Souveränität bewahren.) Die Moral ist: Man soll um anderer Staaten willen, mit denen man nicht verbündet ist, nur diejenigen Kriege führen, die man realistischerweise gewinnen kann.

Insofern ist die Position John Mearsheimers, eines Professors für internationale Beziehungen an der University of Chicago, durchaus diskussionswürdig, auch wenn ich ihr letztlich nicht zustimme. Er meint, man hätte Russland weniger provozieren und der Ukraine kein Angebot auf eine NATO-Mitgliedschaft unterbreiten sollen – nicht etwa, weil es eine moralische Verpflichtung gegeben habe aufgrund vager und völkerrechtlich nicht bindender Zusagen zum Zeitpunkt der deutschen Einigung, die NATO nicht nach Osten zu expandieren, sondern aus Klugheitserwägungen. Er nennt Russland einen Gorilla und wirft dem Westen vor, dass er nicht verstanden habe, wozu dieser Gorilla fähig sei. Deswegen meint er auch, es sei ein Fehler gewesen, dass die USA die Ukraine zur Aufgabe ihrer Atomwaffen gedrängt hätten – hätte diese sie behalten, hätte Russland keinen großen Krieg begonnen. Soll man daraus schließen, dass sich im Grunde jeder Staat mit Atomwaffen eindecken solle? Würde das wirklich die Weltsicherheit erhöhen, wenn das Risiko eines Unfalls oder eines wahnwitzigen Politikers mit Zugriff zum Atomkoffer vervielfacht würde?

Man kann natürlich unter Klugheitsgesichtspunkten auch dahingehend argumentieren, man hätte die Ukraine viel früher in die NATO aufnehmen sollen, als Russland zu schwach war, um es zu verhindern, weil dann vermieden worden wäre, was jetzt passiert. Aber damals meinte man, indem man Russland nicht provoziere, würde man auf die Dauer auch Russland in das Boot der liberalen Demokratien hinüberziehen. Man kann verstehen, warum Menschen so dachten, und ich will keine Verurteilung Deutschlands und Frankreichs aussprechen, die 2008 bei dem NATO-Gipfel in Bukarest ein Veto gegen den NATO-Beitritt der Ukraine aussprachen. Aber man muss von dem heutigen Verständnis der Situation her wenigstens sagen: Es wurde dem Westen nicht gelohnt, dass er damals die Ukraine nicht aufgenommen hat. Man hat damit weder die Beziehung zu Russland verbessert noch die Ukraine geschützt.

Es gibt auf jeden Fall eine Situation, in der eine Intervention zugunsten eines angegriffenen Staates moralisch geboten ist – nämlich dann, wenn ein Verteidigungsbündnis vorliegt. Wer sich nicht an Absprachen hält, darf nicht erwarten, dass ihm geholfen wird, wenn er selber angegriffen wird. Frankreichs Verrat am Bündnispartner Tschechoslowakei 1938 folgte die eigene Niederlage 1940, und zwar sachlogisch: Das Nachgeben überzeugte Hitler von der Wehrunfähigkeit Frankreichs. Nun ist die Ukraine weder NATO- noch EU-Mitglied. Soll man an seiner Seite kämpfen? Soll man das Land seinem Schicksal überlassen? Glücklicherweise gibt es eine Zwischenlösung – man hilft, ohne in den Krieg einzutreten. Eine derart begrenzte Beistandspflicht ergibt sich m.E. daraus, dass ein Fall der Ukraine denjenigen weiterer Staaten wie Georgien oder der Moldauschen Republik und bald auch der baltischen Staaten nach sich zöge, die NATO-Mitglieder sind. Warum findet wohl derzeit in Sankt Petersburg eine wichtige Ausstellung zu Peter dem Großen statt, mit dem sich Putin erklärtermaßen identifiziert – und der das Baltikum wieder heim ins Russische

Reich geholt hat? Ohne in den Krieg einzutreten, der Ukraine bei ihrer Selbstverteidigung durch Waffenlieferungen, militärische Ausbildung und nachrichtendienstliche Informationen zu helfen, um zu verhindern, dass Russland ein riesiges Territorium erobert und dessen Soldaten als Kanonenfutter für weitere Eroberungspläne einsetzt (wie das derzeit mit den Krimtataren geschieht), ist moralisch statthaft, im Interesse des Westens und keine Verletzung der völkerrechtlichen Neutralität. Der Westen hat sich zu Recht für diese Strategie entschieden und seine Waffenlieferungen so gestaltet, dass sie nicht gegen russisches Territorium eingesetzt werden. Man darf keineswegs in einen so unsinnigen Krieg wie den Ersten Weltkrieg hineintaumeln, aber man darf ebensowenig eine Appeasement-Politik betreiben, die dem Autokraten nach jeder Eroberung nur Appetit auf mehr einflößt.

Hähnel:

Aber sind die schrecklichen Opfer der Ukrainer – Millionen Flüchtlinge, Zigtausende von Toten, die Zerstörung einer in Jahrzehnten mühsam aufgebauten Infrastruktur – wert, fortgesetzt zu werden?

Hösle:

Das können nur die Ukrainer selber entscheiden. Es ist ebenso unangemessen, von ihnen eine Fortsetzung des Kampfes zu fordern, nur weil er einen selber entlastet und man hofft, die Verluste würden Putin von weiteren imperialen Ambitionen abbringen, ohne dass man selber kämpfen müsse, wie es inakzeptabel ist, den Ukrainern zu empfehlen, sie müssten endlich aufgeben, weil man die Fernsehbilder vom Krieg abends nicht mehr ertragen könne, weil die schönen ukrainischen Städte für die touristischen Bedürfnisse des Westens erhalten bleiben sollten oder weil man Angst hat, das könne noch in einen Dritten und vermutlich letzten Weltkrieg münden (obwohl in Wahrheit eine ukrainische Niederlage eine Ausdehnung des Krieges auf andere Länder nur wahrscheinlicher macht). Die Ukrainer wissen, warum und wogegen sie kämpfen – sie sind stolz darauf, dass sie ihre Regierungen abwählen können, sie erleben die horrenden regelmäßigen Verletzungen des humanitären Völkerrechts, und sie wissen, dass ihnen im Falle einer Niederlage Furchtbares droht wie Exekutionen der »Unbelehrbaren«, Deportationen und jahrzehntelange Unterdrückung, wie sie in dem Text von Timofei Sergeizew »Was Russland mit der Ukraine tun sollte« (*Что Россия должна сделать с Украиной*) ausführlich beschrieben werden. Er wurde in der russischen staatlichen Nachrichtenagentur RIA Novosti veröffentlicht, ist also kein bloß privates Dokument.[8] Sie wollen nicht russifiziert werden, und das sollte als ein gutes Recht auch von denen anerkannt werden, die die russische Kultur für der ukrainischen überlegen halten, was keineswegs nur Russen tun. Aber so wenig wie Putins Verbrechen die Verehrung für Alexander Puschkin und Lew Tolstoi zerstören können, so wenig geben deren erstrangige geistige Leistungen den Russen ein Recht zum Angriffskrieg.

Sicher ist der ukrainische Nationalismus oft wenig anziehend. So man kann durchaus fragen, warum das Land nicht Russisch als eine von zwei Amtssprachen beibehalten hat. Allerdings kann es keinen überraschen, dass der Ausbruch des Krieges auch den aggressiven ukrainischen Nationalismus angestachelt hat. Das Regiment Asow, dessen militärische Schlagkraft unstrittig ist und auf das die Regierung daher kaum verzichten kann, steht leider rechtsextremen Ideen nahe (Rechtsradikale aus Europa kämpfen auf beiden Seiten des Krieges), der Kult der antisemitischen Nationalisten Stepan Bandera und zumal Symon Petljura, der für schreckliche Judenpogrome direkt verantwortlich war, ist auch dann abstoßend, wenn man einer jungen Nation ein Recht auf Verklärung ihrer Vorläufer zubilligen will. Eine mögliche Aufnahme in die EU kann nur dann erfolgen, wenn die hohe Korruption gesunken und die Wirtschaft nicht mehr in den Händen von wenigen Oligarchen sein wird, von denen einer, Ihor Kolomojskyj, Wolodymyr Selenskyjs Karriere sowohl als Schauspieler wie als Politiker entscheidend gefördert hat. Dass die kaum erwartete, höchst beein-

---

[8] Eine deutsche Übertragung findet sich https://www.blaetter.de/ausgabe/2022/mai/dokumentiert-was-russland-mit-der-ukraine-tun-sollte.

druckende politische Leistung des jungen Präsidenten die Versuchung zu einem neuen Autoritarismus enthalten mag und dass es Schwierigkeiten geben kann mit der Aufrechterhaltung der Unterordnung des Militärs unter die zivile Staatgewalt, sind durchaus reale Gefahren. Bei einer Aufnahme der Ukraine in die EU ist von der Bildung einer Achse Warschau/Kiew auszugehen – man denke an das Projekt des Intermariums, also einer sich von der Ostsee bis zum Schwarzen Meer erstreckenden politischen Einheit, das zwischen den beiden Weltkriegen der polnische Marschall Józef Piłsudski hegte; die Wiederbelebung dieses Gedankens ist nicht unwahrscheinlich und wird die westeuropäische Dominanz innerhalb der EU herausfordern, auch weil die Ukraine das Land mit der fünftgrößten Bevölkerung wäre. Ein EU-Beitritt der Ukraine muss gründlich vorbereitet werden und darf keineswegs schnell, sondern nur nach Erfüllung zentraler Bedingungen erfolgen. Nicht vergessen darf werden, dass nach Art 42, Abs. 7 des EU-Vertrages die EU-Mitgliedsstaaten bei bewaffnetem Angriff auf das Territorium eines von ihnen zu Hilfe verpflichtet sind. Könnten die EU-Staaten sich dazu auch für den Fall verpflichten, dass die USA nicht mehr in der NATO wären? Eine Aufnahme setzt voraus, dass dieser Verpflichtung nachgekommen werden kann. Immerhin ist zu bedenken, dass der EU ein Mitgliedstaat, der nicht postheroisch ist, sehr guttäte.

Bei einer so wichtigen Entscheidung muss man behutsam vorgehen. Aber die Waffenlieferungen an die Ukraine duldeten und dulden keinen Aufschub – und hätten seitens Deutschlands schon viel früher einsetzen sollen, spätestens im Dezember 2021, als der russische Würgegriff vorbereitet wurde, weil es moralisch richtig und politisch klug ist, nicht zuzulassen, dass das Land von Russland unterjocht wird. Die Ankündigung der Lieferung von 5000 Militärhelmen Ende Januar war leider peinlich. Denn bei aller Kritik an einigen politischen Entscheidungen der Ukraine ist eines offenkundig: Diese Menschen sind bereit, für ihre Freiheit zu sterben, und damit auch für die unsere. Sie leben nicht im postheroischen Zeitalter, anders als die meisten Westeuropäer, die deswegen nicht in jeder Hinsicht von jenen bewundert werden.

Einerseits kann man Galilei in Bertolt Brechts »Leben des Galilei« durchaus zustimmen: »Unglücklich das Land, das Helden nötig hat.« So entgegnet der große Naturforscher auf die Bemerkung seines Schülers Andrea Sarti: „«Unglücklich das Land, das keine Helden hat!» Offenbar sind die beiden Sätze logisch vereinbar; denn ein Land kann, wie eine Person, unter verschiedenen Bedingungen unglücklich sein. Andererseits kann man die beiden Sätze dadurch zu einem Widerspruch führen, dass man den Positiv durch den Komparativ, also »unglücklich« durch »unglücklicher«, ersetzt, denn nur einem der beiden unterschiedlich qualifizierten Länder kann die Priorität im Unglück zugesprochen werden. Aber man braucht gar keine Wahl zwischen diesen beiden Sätzen zu treffen, um sich darin einig zu sein: Am unglücklichsten ist das Land, das Helden zwar nötig hat, sie aber nicht mehr hat. Denn auch wenn man sich eine Welt vorstellen kann, in der auch ohne glaubwürdige Androhung von Gegengewalt keine Gewaltanwendungen erfolgen, leben wir, zumindest derzeit, nicht in einer solchen Welt. Die Strategie, sich nicht zu wehren, ist nicht evolutionär stabil – sie ist auf Gnade und Verderben demjenigen ausgeliefert, der Gewalt einzusetzen willens und fähig ist.

Putin weiß das natürlich: Er nimmt Westeuropa als eine postheroische Gesellschaft wahr, in der es niemanden gibt, der bereit ist zu sterben. Vermutlich hat er seine Rechnung mit Westeuropa ganz gut gemacht. Er hat aber nicht die Rechnung mit den Ukrainern gemacht. Die Ukraine ist daher das, was Westeuropa gegen Russland schützt, weil es sich bei der Ukraine eben um keine postheroische Gesellschaft handelt, da es in ihr genügend Menschen gibt, die bereit sind, um der Freiheit ihres Landes willen zu sterben oder schwer verwundet zu werden, die eigenen Häuser zerstört, die eigenen Familien vernichtet zu sehen. Es ist lächerlich, angesichts ihres Kampfes um das Überleben als Nation mit einem Überlegenheitsgefühl zu reagieren: »Wir im Westen sind nicht mehr so primitiv, dass wir uns auf Gewalt einlassen.« Gewiss ist die Verletzung des Völkerrechtes durch die Rückkehr zur Gewalt primitiv. Aber dieser Rückkehr nichts als Seufzer entgegenzustellen, wenn das Unrecht außerhalb des eigenen Landes geschieht, und sich zu weigern, sich auf eine tatkräftige Abwehr des Unrechts vorzubereiten, wenn es dem eigenen Lande naht, ist nichts als ein Beitrag zur Herrschaft der Primitivität, keineswegs etwas, das über sie hinausführt. Gegen eine heroische Gesellschaft ist eine postheroische Gesellschaft nicht die überlegene Zukunft, sondern im Gegenteil etwas, dem keine Zukunft beschieden ist.

Hähnel:

Hat Putin auf die Schwäche des Westens gesetzt? Warum ist er dann nicht erfolgreich gewesen?

Hösle:

Nun, der Westen besteht ja auch aus den USA, die unter Joseph Biden entschieden reagiert haben und deren erneuerte Führungsrolle Westeuropa in dieser Frage bisher dankbar akzeptiert hat. So hat sich der Westen weitgehend geschlossen gezeigt, mit wenigen Ausnahmen wie Ungarn, das sich dadurch sogar Polen entfremdet hat, mit dem es in verfassungspolitischen Fragen sonst weitgehend übereinstimmt. Sicher hat sich der Westen geschlossener gezeigt, als Putin geglaubt hatte. Vermutlich hatte er auch die deutliche Verurteilung der russischen Invasion durch die Generalversammlung der Vereinten Nationen am 2. März nicht erwartet – 141 Staaten stimmten für die Verurteilung, 5 dagegen (Russland, Belarus, Syrien, Eritrea, Nordkorea), 35 enthielten sich. Immerhin ist die letztere Zahl größer, als der Westen sich gewünscht hätte, zumal auch wichtige Staaten dazu gehören wie China, Indien, Irak, Iran, Pakistan, Südafrika und Vietnam; zudem erschienen 12 Staaten gar nicht zur Abstimmung. Durchgehend ist die Unterstützung der Ukraine leider nicht.

Putin ging offenbar von einer schnellen Einnahme Kiews aus, wie der versehentlich am 27. Februar von RIA Novosti sowie dem russischen Propagandaportal Sputnik publizierte Text Pjotr Akopows »Der Aufbruch Russlands und der neuen Welt« (*Наступление России и нового мира*) beweist, der allerdings noch am selben Tage zurückgezogen wurde, weil die triumphale Siegesnachricht ein wenig verfrüht war. Im Text werden die Ukrainer herablassend auch als »Kleinrussen« bezeichnet; Akopow schwafelt von der Eurasischen Union und der vom Rest der Welt begrüßten Ablösung des Westens als globaler Führungsmacht. Schon seine Überschrift ist ein Geistesblitz; denn »*наступление*« bedeutet sowohl »Aufbruch« wie »Angriff« und »*мир*« sowohl »Welt« wie »Frieden«. Als Resultat der russischen Eroberung winkt eine pax Russica, ein von Russland hergestellter Frieden. Ja, der erste Satz der Propagandaschrift lautet: »Unter unseren Augen wird eine neue Welt / ein neuer Frieden geboren« – ich vermute in bewusster Anspielung teils auf den fünften Vers von Vergils vierter Ekloge »Magnus ab integro saeclorum nascitur ordo« (»Und neu wird geboren eine großartige Ordnung der Jahrhunderte«), teils auf seine Abwandlung zu »novus ordo seclorum« (die neue Ordnung der Jahrhunderte) auf der Rückseite des Großen Siegels der Vereinigten Staaten Amerikas sowie der Ein-Dollar-Banknote. Die Hofschranze Akopow ist gebildet. Das neue Eurasische Reich kann auch deswegen als Drittes Reich bezeichnet werden, weil es auf das von Vergil gefeierte Römische und auf das Amerikanische Imperium folgt.

Dass freilich Putins Plan nicht so schnell in Erfüllung gegangen ist, wie er gedacht hatte, verdankt sich in erster Linie natürlich dem entschlossenen Widerstand der Ukrainer. Seit der Unabhängigkeit hat sich ein starkes nationales Bewusstsein entwickelt, das Putin, wohl Opfer seiner eigenen Wahnvorstellungen und der Fehlinformationen seiner ihn fürchtenden und daher vermutlich nicht objektiv informierenden Geheimdienste, völlig unterschätzt hat. In den letzten Jahren hat sich das Land klugerweise auf diesen voraussehbaren und von vielen Ukrainern auch vorausgesehenen Krieg gut vorbereitet, und zwar auf den verschiedenen Ebenen, die zu einem Krieg dazugehören: Waffenausrüstung, militärische Ausbildung, Hebung der Kampfmoral, Spionage und Spionageabwehr. War die Ukraine bei der Annexion der Krim 2014 weitgehend wehrlos (auch weil ihre Truppen von russischen Agenten infiltriert waren), ist in den Zwischenjahren eine beeindruckende militärische Stärkung erfolgt, wie sie ein von einem größeren

Nachbarn bedrohter Staat nun einmal braucht, wenn er seinen Schutzaufgaben gerecht werden will.

Dass die tatkräftige Unterstützung durch die USA dabei eine wichtige Rolle spielte, ist wahr und schwerlich anders als zu begrüßen. Die Wortwahl der US-amerikanischen *Assistant Secretary of State* Victoria Nuland (übrigens einer Schwiegertochter des großen Historikers des Peloponnesischen Krieges Donald Kagan) im sicher von den Russen abgehörten und am 6. Februar 2014 der Weltöffentlichkeit liebenswürdigerweise zugänglich gemachten Telefongespräch mit dem amerikanischen Botschafter in Kiew, Geoffrey Pyatt, »Fuck the EU«, entspricht nicht dem Vokabular eines Mädchenlyzeums der guten alten Zeiten. Aber die sich darin ausdrückende Irritation über die Weigerung der Europäer, der Ukraine Waffen zu liefern, sollte man zumindest 2022 nachvollziehen können – die amerikanische Ungeduld mit dem Schwingen nobler Reden, die nicht durch reale Machtausübung gedeckt sind, ist nicht unsinnig. Besonders hervorzuheben ist, dass 2022 seit Kriegsbeginn offenbar auch viele Russisch sprechende Ukrainer loyal zum ukrainischen Staat stehen – sie scheinen die höhere rechtsstaatliche Kultur der amtlichen Verwendung ihrer Muttersprache vorzuziehen, also von so etwas wie Verfassungs- statt von Sprachpatriotismus beseelt zu sein.

Umgekehrt ist bei den Russen die Moral viel schlechter, als die politische Führung angenommen hatte. Man hört von Befehlsverweigerung, auch weil viele Rekruten unter Vorspiegelung falscher Tatsachen an die Front geschickt wurden. Nicht alle russischen Soldaten sind bereit, an Verbrechen gegen Zivilisten teilzunehmen. Die Ausrüstung ist zudem veraltet. Die Verluste sind hoch, auch und gerade bei den Offizieren und Generälen. Bisher hat Putin auf eine Generalmobilmachung verzichtet, weil das seine letzte Karte ist und sie ohne sorgfältige propagandistische Vorbereitung innenpolitisch riskant ist (sie kann durchaus noch kommen). Die fürchterliche Gruppe Wagner, ein privates Sicherheitsunternehmen, das von dem Neonazi Dmitri Utkin gegründet wurde (er hat sich einen Reichsadler mit Hakenkreuz auf die Brust tätowieren lassen), rekrutiert derzeit Soldaten, sicher im staatlichen Auftrag, und es sind auch Tschetschenen und Syrer im Einsatz. Dass dieser Krieg unter dem Schlagwort der Denazifizierung der Ukraine abläuft, ist trotz der ukrainischen Rechtsradikalen angesichts der faschistischen und imperialistischen Strukturen Russlands schamlos, passt aber zum postmodernen Newspeak.

Hähnel:

Passt dazu Putins aktuelle Propagandastrategie, bei der allerdings – quasi postmodern – Zeichen und Bezeichnetes auseinanderfallen, insofern sich ja die pompöse rituelle Propaganda und die russische Alltagstristesse (einschließlich der gar nicht so guten Moral der russischen Armee) nicht sinnvoll entsprechen? Wie kann man diesen Widerspruch nutzen, wenn man ihn durchschaut?

Hösle:

Die Ukraine und auch der Westen sollten, etwa durch Gewährung von Asyl, die russischen Soldaten unterstützen, die desertieren wollen. Denn die Weigerung, an einem ungerechten Krieg teilzunehmen, soll stärker werden. Zwar steht wohl der größte Teil der russischen Bevölkerung hinter Putin, der deswegen keineswegs als der alleinige Verantwortliche für diesen Krieg angesehen werden kann (ebensowenig wie Hitler für den Zweiten Weltkrieg). Aber viele Russen sind ungenau informiert, auch weil die Zensur in Russland keinen freien Informationsfluss mehr zulässt. Einige mögen sich sogar einbilden, wenn sie irgendwie doch von Gräueltaten hören, Putin wisse von ihnen nicht und sei dafür nicht verantwortlich. Leider sind auch viele der in Deutschland lebenden Auslandsrussen Putinverehrer, teils weil sie primär russische Nachrichten hören, teils weil sie die nationale Ehre durch ihn wiederhergestellt wähnen. Wie loyal werden sie sein, falls es zu einem Krieg zwischen Russland und Deutschland kommen sollte, was Gott verhüten möge?

82 »Stell dir vor, es ist Krieg, und nur eine Seite geht hin.«

Abb. 4: Keep Russia Safe (2001)

2. Interview mit Vittorio Hösle über den Ukrainekrieg

Wer jedoch an der Front kämpft, mag eher in der Lage sein, sich ein objektives Bild zu machen. Durch Rundfunksendungen wie die von Radio Liberation/Radio Liberty während der Zeit der Sowjetunion sollte der Westen dazu beitragen, dass ein objektiveres Bild der Situation bei den Russen im In- und Ausland durchdringt. Sendeverbote für russische Propagandasender in der EU sind unbedingt erforderlich. Natürlich werden auch die Russen den Empfang westlicher Sender zu verhindern suchen, aber es lohnt, in ein intellektuell und moralisch überzeugendes, technisch erfolgreiches Propagandasystem viel Energie zu investieren.

Neben der Vorbereitung des ukrainischen Staates, u.a. dank der Hilfe der USA, dem ukrainischen Wehrwillen und den unerwarteten Schwächen der russischen Armee haben sicher auch die westlichen Sanktionen und die ambivalente Einstellung Chinas, das Russland diplomatisch, aber bisher noch nicht mit neuen Waffenlieferungen unterstützt, dazu beigetragen, dass Russland die Kriegsziele – die Einnahme Kiews und die Zerschlagung der Staatlichkeit der Ukraine, vielleicht mit einem kleinen Pufferstaat im Westen des Landes als unabhängigem Kleinstaat – bislang nicht erreicht hat. Aber damit ist natürlich der Krieg nicht zu Ende, auch weil die westlichen Sanktionen den Öl- und Gaspreis haben hochschnellen lassen, so dass Russland weiterhin viel Geld einnimmt und sich auch der Rubel nach anfänglich beträchtlichen Verlusten wieder stabilisiert hat – er kostete im Sommer 2022 einiges mehr als selbst 2020. Aber die Probleme mit den Importen auch kriegsrelevanter Güter haben die russische Wirtschaft durchaus getroffen. Dennoch kann der Krieg noch Jahre, vielleicht Jahrzehnte dauern; und es ist möglich, dass der 24. Februar 2022 von zukünftigen Historikern als der Beginn des Dritten Weltkrieges angesehen werden wird – falls es dann noch Historiker geben wird, Denn auch die beiden ersten Weltkriege begannen als europäische Konflikte (einschließlich der Kolonien). Die beängstigendste reale Möglichkeit besteht heute darin, dass es zu einem globalen Krieg zwischen den westlichen Demokratien auf der einen Seite und Russland und China auf der anderen Seite kommt. Selbst ohne Einsatz von Nuklearwaffen wäre der Blutzoll eines solchen Krieges entsetzlich, und es ist nicht im mindesten garantiert, dass der Westen dabei gewinnen würde.

Hähnel:

Darf man denn hoffen, dass Putin von innen gestürzt wird?

Hösle:

Hoffen kann man alles, also auch dass er durch eine Palastrevolte gestürzt wird. Aber es ist nicht wahrscheinlich. Putin hat ja vor einigen Jahren eine in der Verfassung nicht vorgesehene, völlig neue Institution geschaffen. Sie entspricht der Prätorianergarde der alten römischen Kaiser, die im Wesentlichen die Aufgabe hatte, den Kaiser zu schützen. Die von Putins ehemaligem Box- und Judotrainer Wiktor Zolotow befehligte Nationalgarde (*Росгвардия*), 2016 gegründet, untersteht direkt dem Präsidenten, ist also dem Innenministerium entzogen, wo die Vorgängerinstitution angesiedelt war. Sie hat polizeiliche wie militärische Funktionen und wird auch im derzeitigen Krieg in der Ukraine eingesetzt. Sie besteht aus unterschiedlichen Elementen und hat etwa 340.000 Angestellte, ist also ein gewaltiger Schutzwall des Präsidenten, der als ehemaliger Geheimdienstoffizier sehr viel von Sicherheit versteht und ihr viel Aufmerksamkeit widmet (u.a. indem er verschiedene Sicherheitseinrichtungen gegeneinander ausspielt). Zudem kennt Russland, anders als etwa die Türkei oder Thailand, keine Tradition des Militärputsches. Der Sturz und die Ermordung des Zaren Paul I. 1801 ging zwar auf das Konto einiger Generäle, aber der Sturz geschah in Absprache mit seinem Sohn, der als Alexander I. ihm auf den Thron folgte. Die Vorwürfe im Schauprozess gegen Marschall Michail Tuchatschewski, den roten Napoleon, waren haltlos; wahrscheinlich hat auch Stalin nicht an sie geglaubt.

Verfassungsmäßig könnte Putin durch ein Amtsenthebungsverfahren nach Art. 93 der Russischen Verfassung abgesetzt werden, aber auch in normalen Zeiten sind die Bedingungen so schwer zu erfüllen, dass selbst die zwei Verfahren gegen Jelzin 1993 und 1999 scheiterten. Bei Wahlen, die so gesteuert werden wie im heutigen Russland, besteht die Möglichkeit nur auf dem Papier. Im

Falle der Absetzung, des Rücktritts oder des Todes des Präsidenten geht das Amt bis zu Neuwahlen vorübergehend auf den Ministerpräsidenten über – und ich vermute, dass dies der Grund war für die Ersetzung Medwedews durch Mikhail Mischustin als Ministerpräsidenten 2020. Als ehemaliger Leiter der russischen Steuerbehörde ist er, wenn auch ex officio Mitglied des eigentlichen kollegialen Machtorgans Russlands, des Sicherheitsrates der Russischen Föderation, nicht wirklich mit den Sicherheitsorganen vertraut und verzahnt. Wer institutionell am ehesten an einem Putsch interessiert sein müsste, ist also dazu gar nicht in der Lage und würde sich, sollte er durch einen Zufall in die Position des Präsidenten katapultiert werden, kaum darin halten können. Ja, selbst wenn Putin durch ein weiteres Mitglied des Sicherheitsrates gestürzt würde, spricht nicht viel dafür, dass sich die Politik Russland wesentlich ändern würde. Der einzige, der in der öffentlich ausgestrahlten Sitzung des Sicherheitsrates kurz vor der Anerkennung der beiden abtrünnigen Republiken Bedenken anmeldete, war Sergej Naryschkin, der Direktor des Auslandsnachrichtendienstes SWR, doch auch er rückte nicht nur in die vorgegebene Linie ein, sondern forderte vorauseilend, während Putin kopfschüttelnd lächelte, nicht nur die Anerkennung der Republiken, sondern gleich schon ihre Aufnahme in die Russische Föderation.

Hähnel:

Das heißt, wir müssen mit Putin lange rechnen und dann auch mit ihm verhandeln?

Hösle:

Genauso ist es. Aber auch wenn es legitim ist, zur Minderung von Leid mit dem Teufel selbst zu verhandeln, sind zwei Dinge zu berücksichtigen: Man darf dabei seine Seele nicht dem Teufel verkaufen, und man darf sich nicht über den Tisch ziehen lassen. Und ohne jeden Zweifel wird bei jeder zukünftigen Vereinbarung mit Putin die Frage im Raum stehen: Wie kann man sich auf das Wort eines Mannes verlassen, der es so oft gebrochen hat?

Hähnel:

Aber wie wird es dann weiter gehen?

Hösle:

Es ist völlig naiv zu glauben, dass Putin seine Pläne aufgeben wird. Die Scheinreferenden in den beiden abtrünnigen sowie in zwei weiteren von den Russen 2022 besetzten Regionen der Ukraine, Saporischschja und Cherson, und ihre völkerrechtswidrige Annexion Ende September ebenso wie die Teilmobilisierung der Armee – die erste russische Mobilisierung seit dem Zweiten Weltkrieg – zeigen, dass trotz aller Rückschläge Russland nicht im mindesten an ein Aufgeben denkt. Besonders beunruhigend sind die höchst zielstrebige Aufrüstung der Marine und der Abzug der U-Boote aus dem Schwarzen Meer – denkt Putin an deren Einsatz in der Ostsee oder gar im Atlantik? Der offizielle Rücktritt von seinen Plänen würde vermulich sein politisches Überleben in Frage stellen, und man darf durchaus davon ausgehen, dass Putin den Krieg genießt – die Nachrichten, die uns erschüttern, erregen ihn wahrscheinlich positiv. Und er will austesten, wie lange die Einheit des Westens standhalten wird. Denn er verbucht die große Leidensfähigkeit der Russen als entscheidenden Bonus in diesem Kampf. Er verachtet die postheroischen westlichen Bevölkerungen und die Regierungen, die Angst vor »Volksaufständen« haben, wenn man im Winter weniger heizen kann, weil weniger Gas fließt und Sabotagen und Cyberattacken auf die Infrastruktur erfolgen, auf die Deutschland und manche anderen EU-Staaten nicht ausreichend vorbereitet sind. (Dass die Explosionen an den Nord-Stream-Pipelines am 26. September auf einen Staat zurückgehen, ist jetzt schon klar, und es ist wahrscheinlich, dass es sich dabei um Russland handelt.) Diesen Spaß will Putin sich gönnen, zu sehen, wie zur Askese unfähige Nationen ihre Nerven verlieren, wenn es nicht mehr so gemütlich warm ist! Er ist von der politischen Überlegenheit der russischen Autokratie überzeugt und geht davon aus, dass sie erst in einem Kriege triumphierend hervortritt. Die langfristige russische Planung dieses Krieges über fast zwei Jahrzehnte setzt ja eine Monokratie voraus – er wird zudem, wo nur immer möglich, sein Scherflein dazu beitragen, um die Kurzlebigkeit westeuropäischer Regierungen noch weiter zu erhöhen (man denke an Italien und Großbritannien). Er ist sich dessen voll bewusst, dass jemand wie er sich aus schwierigsten Verhältnissen hochgeboxt hat und dass dies nur durch eine sehr hohe strategische Intelligenz möglich war, während er die meisten westlichen Politiker als repräsentativen Ausdruck der mit sattem Wohlstand oft einhergehenden intellektuellen und volitiven Mediokrität einstuft.

Und zudem hält er einen ganz wichtigen Trumpf in der Hand – Trump. Sollte Donald Trump 2024 ins Weiße Haus zurückkehren, vielleicht wie schon 2016 wiederum mit russischer Hilfe, hätte Putin wohl freie Bahn in der Ukraine und vermutlich auch in weiteren ehemaligen Territorien der Sowjetunion, denn Trump wird sich nicht um NATO-Verpflichtungen scheren, und er hat zudem besondere Gründe, den Europäern gram zu sein, die sein Genie nicht so recht anerkennen wollten. Er dagegen ist großmütig und hat sofort nach der Anerkennung der Republiken Donezk und Luhansk durch Putin »genius« ausgerufen[9] – ein Kompliment von Genie zu Genie, denn dass Trump sich selber für eines hält, ist ebenso bekannt wie dass er Diktatoren bewundert und gerne selber einer wäre.

Kurz vor der Wahl Trumps las ich in einem russischen Internetmedium ein Interview mit einem Journalisten, der sagte, er hoffe sehr, dass Trump Präsident werde. Warum? Seine Antwort war: Trump hat zuerst eine Tschechin geheiratet, jetzt sei seine Frau eine Slowenin. Er schlafe also gerne mit slawischen Frauen. Zunächst habe ich mir damals gedacht: »Eine Außenpolitik, die von den Geschlechtsteilen gesteuert wird, sollte man keinem US-amerikanischen Präsidenten zutrauen.« Heute bin ich mir nicht mehr so sicher – alles bei Trump kommt aus dem Bauch und dem, was darunter ist, jedenfalls nicht aus der Einsicht in allgemeine, moralisch begründete Prinzipien.

---

[9] https://www.theguardian.com/us-news/2022/feb/23/trump-putin-genius-russia-ukraine-crisis.

Auch Trumps ehemaliger Außenminister Michael Pompeo entblödete sich nicht, im Februar unmittelbar vor der Invasion Putin zu preisen.[10] Die Republikanische Partei hat einen Putin-Flügel, der die eigentliche Bedrohung der USA in China lokalisiert und deswegen mit Russland gemeinsame Sache machen will, auch auf Kosten der Europäer. Jemand wie der schon genannte Tucker Carlson propagiert einen neuen Isolationismus, wie ihn die USA schon während der 1920er Jahre pflegten. Die russischen Medien zitieren ihn naturgemäß gerne.

Wir wissen nicht, wer die Präsidentschaftswahlen 2024 gewinnen wird. Aber die Chancen einer Wiederwahl Bidens stehen schlecht, teils wegen seines hohen Alters, teils weil ihm etwa die Inflation, die durch die Pandemie und dann den Krieg bedingt ist, angekreidet wird, auch wenn er offenkundig keine Verantwortung für sie trägt. Ein natürlicher Nachfolger ist nicht in Sicht, und die Entfremdung der Eliten der Demokratischen Partei von dem Durchschnittsbürger der USA schreitet fort, auch weil sich jene immer mehr in Identitätspolitik verlieren, die die schweigende Mehrheit kaum interessiert. Innerhalb der Republikanischen Partei hätte wohl nur der Gouverneur von Florida, Ron DeSantis, eine Chance gegen Trump, den er zu Beginn seiner Karriere unterwürfig nachgeahmt hat. Seine außenpolitischen Ideen sind kaum bekannt; vermutlich würde er opportunistisch dem folgen, was gerade populär ist.

Allgemein hat in den USA die Bereitschaft in beiden Parteien stark nachgelassen, den Weltpolizisten zu spielen. Es ist zu teuer und verhindert sozialpolitische Reformen im Inneren, und die mit hohen Kosten auch an US-amerikanischen Menschenleben verbundene Weltpolizistenrolle stößt auf so viel besserwisserische Kritik auch und gerade bei den europäischen Verbündeten, die meist davon profitieren, ohne selbst Verantwortung zu übernehmen, dass die USA geneigt sind, wie angeblich Friedrich August III., der letzte König von Sachsen, am Tage seiner Abdankung auszuru-

---

[10] https://www.theatlantic.com/ideas/archive/2022/02/russia-ukraine-war-republican-response/622919/.

fen: »Na da macht eiern Drägg alleene!« Die Europäische Union hat gar keine Wahl, als für die eigene Verteidigung in Zukunft selbst verantwortlich zu sein, und sie sollte das innerhalb von zwei Jahren vollbringen, bevor Trump möglicherweise wiedergewählt wird. Putin wettet darauf, dass sie es nicht schaffen wird. Er wird sich so lange mit einer Ausdehnung des Krieges außerhalb der Ukraine vermutlich zurückhalten.

Hähnel:

Und wie, wir hatten es in unserem Gespräch schon einmal angeschnitten, sollte man indessen mit China umgehen?

Hösle:

M.E. darf man die Hoffnung nicht aufgeben, dass China davon überzeugt werden kann, ein großer Krieg wäre nicht in seinem wirtschaftlichen Interesse. Denn Xi Xinping denkt primär nationalistisch, und man kann nur so mit ihm argumentieren. Doch muss der Westen um einer Einigung willen zu wichtigen Zugeständnissen bereit sein und insbesondere nicht den ständigen Eindruck erwecken, er strebe eine weltweite Ausdehnung der Demokratie an. Gewiss wäre das intrinsisch wertvoll, und die Auffassung ist nicht abwegig, ein Staat mit transparenter Politik und regelmäßigem Regierungswechsel neige weniger zu Kriegen als eine Autokratie. Doch zu einer weltweiten Demokratisierung wird es in der nächsten Zeit nicht kommen, und es ist unklug, das Bedürfnis nach innerer Sicherheit einer jeden nicht-demokratischen Regierung zu irritieren, indem man, gar mit oberlehrerhaftem Tone und ohne jedes Verständnis dafür, dass auch in Europa die Demokratisierung eine späte Entwicklung war, öffentlich Forderungen nach Demokratisierung anderer Länder erhebt. Man erkenne an, dass manchmal die Bevölkerung eines Landes mehrheitlich keine Demokratie wünscht, weil sie spürt, dass eine Demokratie zu instabileren und inkompeteteren Regierungen führen würde. Einen solchen Wunsch soll man gerade aus Achtung vor dem Mehrheitswillen respektieren. Umso mehr muss aber auf dem zwischenstaatlichen Gewaltverbot beharrt werden, und ein so sehr an Stabilität interessierter Staat wie China kann vielleicht davon abgehalten werden, militärisch mit einem so offenkundigen Verletzer des Völkerrechts wie Russland zusammenzuarbeiten, wenn man ihm mit jenem Respekt begegnet, den es aufgrund seiner Geschichte verdient. Denn China hat eine Geschichte von mehr als 3000 Jahren, und die Idee einer politischen Einheit der Chinesen besteht seit mehr als 2200 Jahren. Russland ist ein junger Staat verglichen damit, um von den USA zu schweigen. Bei einer diplomatischen Annäherung an China muss der Westen natürlich jeden Anschein vermeiden, er wolle mithilfe Chinas Russland umzingeln. Und er muss gleichzeitig seine wirtschaftliche Abhängigkeit von China reduzieren, auch wenn das teuer wird. Denn eine Allianz von Russland und China bleibt immer eine reale Gefahr.

Es scheint mir, dass die Auseinandersetzung mit China auf einer rationaleren, interessenbasierten Ebene geführt werden kann als mit Russland, das in einem heftigen Kampf um Anerkennung mit dem Westen begriffen ist, dessen derzeitige Ideologie selbstzerstörerisch-heroische, ja nihilistische Momente enthält und dessen Regierung sich nicht einmal um das Wohl der eigenen Bevölkerung besonders schert – man denke daran, dass die durchschnittliche Lebenserwartung der Chinesen um fünf Jahre höher ist als die der Russen. Die chinesischen Staatsbeamten werden, in Fortsetzung des alten Mandarinensystems, meritokratisch ausgewählt und befördert; Irre wie Schirinowski haben nicht die geringste Chance im politischen System Chinas, das eine viel höhere Sachrationalität aufweist. Man vergesse nicht, dass Winston Churchill mit Stalin zusammengearbeitet hat, um Hitler zu besiegen (wohl wissend, dass diese Allianz ein Zweckbündnis war und den Sieg über das Dritte Reich nicht überleben würde). Der Westen, selbst zusammen mit den USA, kann ohne Chinas Hilfe kaum Russland in die Schranken weisen.

Hähnel:

Es wird wohl ein langer Krieg. Ein Punkt scheint sich aber anzukündigen, der an das Wort von Mark Twain erinnert, wonach sich

Geschichte nicht wiederhole, wohl aber reime: Ich spreche von einer sich womöglich abzeichnenden Hungerkrise in der Ukraine, die eintritt, wenn der Krieg – wovon ja auszugehen ist – anhält und Russland weiteres Territorium gewinnt. Man erinnert sich hier wohl sofort an den sogenannten »Holodomor«, dessen absichtliche Herbeiführung durch Stalin Russland bis heute offiziell leugnet.[11] Was denken Sie? Wiederholt sich Geschichte im Allgemeinen und diese schreckliche Geschichte mit Millionen Todesopfern im Besonderen?

Hösle:

Es ist zu früh, um auf diese Frage zu antworten. 2020 war die Ukraine nicht nur der achtgrößte Weizenproduzent, sondern auch der fünftgrößte Weizenexporteur (Indien und Pakistan produzieren mehr, aber exportieren weniger, weil viel im Inland verbraucht wird). Bei der Sonnenblumenproduktion und beim Export von Sonnenblumenöl war die Ukraine sogar führend. Der Krieg wird unweigerlich die Produktion einbrechen lassen; ab wann das zu Hungersnöten führen wird, kann ich nicht entscheiden. Aber dass der Rückgang der Exporte die Getreidepreise weltweit hat steigen lassen, ist wohlbekannt, und ob die durch die Türkei glücklicherweise vermittelte Vereinbarung der Ukraine mit Russland vom Juli 2022, die Getreidetransporte auf dem Seeweg nach Istanbul zuzulassen, halten wird, wissen wir noch nicht. Der Seeweg wird zudem nicht reichen, um all das geerntete Getreide zu exportieren.

Es scheint mir derzeit so, dass der Hunger eher in Afrika und im Nahen Osten ansteigen wird als in der Ukraine. Ob Putin das nur in Kauf nimmt, um die wirtschaftlichen Schwierigkeiten der Ukraine zu steigern, deren Infrastruktur er nach wenigen Monaten Kriegsführung schon zu gutem Teil vernichtet oder unbrauchbar gemacht hat (einschließlich nicht militärischer Einrichtungen wie Krankenhäuser, Schulen, Museen, landwirtschaftlicher Enrichtungen wie u.a. der für die Ernährung der Welt wichtigen Saatgutbank

---

[11] Anne Applebaum, Roter Hunger. Stalins Krieg gegen die Ukraine, München 2017.

und, besonders gefährlich, Atomreaktoren), oder ob der Hunger in Afrika und Nahost von ihm direkt beabsichtigt wird, um Migrationsbewegungen nach Europa auszulösen wie 2015, damit die Spannungen und Gegensätze innerhalb der EU wieder aufbrechen und er sich über die politischen Probleme der Moralisten köstlich amüsieren kann, ist mir nicht klar. (Auch bezüglich des Holodomors, über den man auch weitere sowjetische Hungersnöte, etwa in Kasachstan, nicht vergessen sollte, streiten sich die Historiker, ob es sich um direkten oder bedingten Vorsatz handelte.) Aber es wäre naiv, eine direkte Absicht auszuschließen, zumal sich Lukaschenka 2021/22 aktiv als Schleuser betätigte und potentielle Flüchtlinge einfliegen ließ, um sie dann auf den Weg in die EU zu bringen. Putin wird auf jeden Fall in Europa sowohl die rechts- als auch die linksextremen Parteien unterstützen, weil sie die Einheit und Entschlossenheit des liberalen Westens untergraben.

Entscheidend wird sein, wie sich Deutschland als der wirtschaftlich stärkste Staat der EU verhalten wird. Denkbar sind ein Einknicken vor Moskau und ein Bedrängen der Ukraine, sie möge auf einen beträchtlichen Teil ihres Territoriums verzichten, um endlich Frieden zu haben. Putin würde, nachdem er viele Schritte nach vorne gemacht hat, lächelnd und vielleicht wieder mit Lessing- und Humboldtzitaten einen Schritt zurück gehen und damit jene beruhigen, die beruhigt sein wollen. Er würde die russische Herrschaft in den eroberten Gebieten stabilisieren und hätte eine noch bessere Ausgangslage, um später erneut zuzuschlagen.

Es würde mich nicht wundern, wenn in einem kalten Winter 2022/23 man entweder das viel größere Leid der Ukrainer vergäße, um sich ganz auf das eigene Ungemach zu konzentrieren, oder aber bei zunehmender Brutalisierung der Kriegsführung und weiterer Annäherung Chinas und Russlands Stimmen des Appeasements in Deutschland sehr laut würden. Entscheidend wird sein, ob in der SPD die Kräfte die Oberhand gewinnen, die der Sozialpolitik Vorrang vor allem anderen geben und eigentlich immer schon meinten, die Beziehung zu Russland sei die besondere Leistung der eigenen Partei.

Am entschiedensten eine Politik der Abwehr und Abschreckung vertreten heute die Grünen. Ich bin sehr beeindruckt, wie schnell sie sich der neuen Situation angepasst haben. Das starke Führungsduo Robert Habeck und Annalena Baerbock hat offenbar verstanden, dass die pazifistischen Träume, die am Anfang der grünen Partei eine wichtige Rolle spielten, die ja u.a. als Protestpartei gegen die Nachrüstung entstand, an der Wirklichkeit des russischen Expansionismus zerschellt sind. Und sie haben es nicht nur selber begriffen, sie können es auch gut erklären, was in der Politik entscheidend ist. Denkbar wäre, dass die Regierung an der Frage der Beziehung zu Russland scheitert. In diesem Falle wird es auf eine Koalition der Grünen mit der Union und den Liberalen, wahrscheinlich nach Neuwahlen, hinauslaufen, für die auch aus anderen Gründen manches spricht. Aber ob Deutschland überhaupt genug Politiker hat, die z.B. den Mut haben, wieder die Wehrpflicht einzuführen, geschweige denn im Fall der Fälle militärische Entscheidungen zu treffen, für die sie nie ausgebildet wurden, steht in den Sternen.

Hähnel:

Ist denn die Wiedereinführung der Wehrpflicht sinnvoll?

Hösle:

Innerhalb der EU haben nur sechs Staaten die Wehrpflicht nie abgeschafft: Dänemark, Estland, Finnland, Griechenland, Österreich und Zypern. Seit 2014 haben Litauen, Schweden und Lettland die Wehrpflicht wieder eingeführt. Zahlreiche Experten argumentieren, moderne Kriegsführung setze technische Kenntnisse voraus, die nur eine Berufsarmee erwerben könne. Das ist nicht falsch. Aber die enorme psychologische Bedeutung des Wehrdienstes besteht darin, dass die Institution gleichsam ausspricht, erwachsen werden heiße Verantwortung übernehmen. Das heißt unter anderem, der Gesellschaft etwas zurückzugeben für die Jugend, in der man viel mehr Rechte als Pflichten hatte. Deswegen ist ein verpflichtendes Jahr für die Allgemeinheit bei jungen Menschen beiderlei Geschlechts eine gute Idee, das unter anderen geschichtlichen Bedingungen als den jetzigen nicht notwendig in Militärdienst bestehen muss, sondern ggf. auch in anderen Aufgaben. Zumindest ein Freiwilligendienst muss als naheliegende Option für junge Menschen bestehen, damit sie reifen. Einer der großen Philosophen des 20. Jahrhunderts, Eugen Rosenstock-Huessy, hat sich schon in den 1920er und 1930er Jahren für derartige freiwillige Arbeitsdienste ausgesprochen, zuerst in Deutschland, dann in den USA.

Hähnel:

Wie würde Westeuropa reagieren, sollte sich Putin für den Einsatz chemischer oder taktischer nuklearer Waffen in der Ukraine entscheiden oder die Drohung mit einem Nuklearkrieg immer expliziter einsetzen? Halten Sie ein solches Szenario für wahrscheinlich?

Hösle:

Ich erlaube mir kein klares Urteil zu diesen Fragen, schon weil es sich hier weitgehend um Neuland handelt, man also kaum auf Erfahrungswerte der Vergangenheit zurückgreifen kann. Aufgrund meiner Kenntnis der menschlichen Kulturen würde ich allerdings sagen, ein Ende der Geschichte durch eine nukleare Selbstauslöschung der Menschheit sei im 21. Jahrhundert wahrscheinlicher als ein Ende der Geschichte im Sinne Fukuyamas, also durch eine Verwandlung aller Staaten in liberale Demokratien, die durch friedlichen Handel kooperieren. Das ist ausgeschlossen, jenes leider nicht. Denn ich habe wenig Zweifel, dass Putin jene Waffen einsetzen würde, wenn er glaubte, damit seinen Zielen näher zu kommen – moralische Hemmnisse sehe ich bei ihm nicht, und die Vorbereitung der russischen Bevölkerung auf einen nuklearen Angriff, die in den letzten Jahren mehrfach erfolgte, ist auch dann beunruhigend, wenn man davon ausgeht, dass sich die Botschaft zum Teil an das Ausland richtete, das eingeschüchtert werden sollte. Daher ist es extrem wichtig, dass Putin den Einsatz derartiger Waffen nicht für zielführend zu halten beginnt, sei es weil er mit Widerständen innerhalb der eigenen Armee rechnen muss, sei es weil die Sanktionen des Westens klar sind.

Was die anderen Massenvernichtungswaffen betrifft, so ist ein Einsatz biologischer Waffen am unwahrscheinlichsten – er ist noch nie erfolgt, und zwar nicht aus moralischen Gründen, sondern weil sich solche Viren oder Bakterien überall ausbreiten können, wie wir gerade in der Pandemie erlebt haben. Selbst bei chemischen Waffen ist die Gefahr groß, dass sie die eigenen Truppen zugrunde richten, wenn sich etwa der Wind dreht. Das ist der Grund, warum sie im Zweiten Weltkrieg selbst von einem Massenmörder wie Hitler nicht eingesetzt wurden, obwohl sie ja im Ersten Weltkrieg verwendet worden waren. Aber sparsamer Einsatz kann zweckrational sein, und ich habe schon erwähnt, dass chemische Waffen von Putin schon benutzt worden sind.

Im Fall des Einsatzes taktischer Nuklearwaffen in der Ukraine ist ein Kriegseintritt der NATO unausweichlich. Und im Falle des gar nicht auszudenkenden Falles des Einsatzes strategischer Atomwaffen muss klar sein, dass dies die wechselseitige Vernichtung der Atommächte zur Folge hätte. Es war ohne Zweifel wunderbar, von dieser Furcht in den 1990er Jahren Abstand nehmen zu können, und es ist bitter, wieder zu ihr zurückkehren zu müssen. Aber was ist die Alternative? Eine Wiederauflage der öffentlichen Diskussion »Lieber rot als tot« (wobei angesichts des politischen Systems des heutigen Russlands, trotz des Reimverlustes, »Lieber braun als tot« angemessener wäre) ist keine gute Idee, nicht weil es auf der Ebene der reinen Ideen keine Argumente dafür gäbe, sondern weil das soziale Faktum einer solchen Diskussion leider nur das Risiko eines Nuklearkrieges erhöhen würde, weil es die Abwehrbereitschaft und damit die Abschreckungswirkung senken würde. Ferner würden sich die USA nicht auf eine Unterwerfung aus Angst vor einem Atomkrieg einlassen; ein Nachgeben der EU würde das Problem also keineswegs lösen. Putin darf keinen Zweifel daran haben, dass der Westen Nuklearwaffen nie als erster einsetzen würde, aber im Falle eines Angriffs mit strategischen Nuklearwaffen entsprechend zurückschlagen würde. (Bei begrenzten taktischen Nuklearwaffen ist das keineswegs erforderlich.) Der für diese Entscheidung Zuständige muss in seinen Drohungen völlig glaubwürdig sein, kann also nicht der Spaßgesellschaft, aber auch nicht den sogenannten Gutmenschen entstammen.

Natürlich muss gleichzeitig mit allen Kräften an nuklearer Abrüstung gearbeitet und müssen alle Kanäle zur russischen Regierung benutzt werden. Im Grunde ist dies die alte Botschaft des NATO-Doppelbeschlusses von 1979, der die Aufstellung neuer Mittelstreckenraketen als Reaktion auf die sowjetischen ankündigte und zugleich Verhandlungen mit der Sowjetunion forderte – und der selbst dem Geiste des Harmel-Berichtes von 1967 zur Lage der NATO entsprach, der glaubwürdige Abschreckung und politische Verhandlungen verlangte. Es ist zu bedauern, aber eine bessere Strategie ist derzeit nicht sichtbar. Selbst wenn ein großer Krieg vermieden wird, wird das neue Gefahrenbewusstsein uns alle bedrücken. In wenigen Jahren schon werden die Menschen in ihrer Mentalität eher denjenigen der 1970er als denen der 1990er Jahre ähneln. Aber wenn man nicht allgemein den Ernst der Lage begreift, sind die Überlebenschancen geringer.

Hähnel:

Vielen Dank! Sie haben im Wesentlichen als politischer Philosoph gesprochen, also unter Berücksichtigung der Formulierung und Geltung allgemeiner Prinzipien. Und doch würde ich zum Abschluss noch auf das Besondere dieses Konfliktes kommen, also die völkerpsychologische Dimension, die der imperialistischen Ideologie Putins zugrunde liegt. Er hat ja einen Aufsatz geschrieben, in dem er von der Einheit der Ukrainer und Russen ausgeht. Gleichzeitig ist die Abgrenzung gegenüber dem westlichen Typus bei Putin zentral; sie greift auf die alte Auseinandersetzung zwischen Slawophilen und Westlern zurück. Inwieweit greift er diesen Topos auf und inwieweit kann er das sozusagen im Volk selbst unterbringen?

Und in diesem Zusammenhang würde ich gern noch einen weiteren Punkt zur Sprache bringen: Vor dem Hintergrund des Ukrainekrieges stellen wir ja auch fest, dass die klassische Definition von Krieg als gewalttätige Austragung eines Konfliktes hier nicht mehr zureichend erscheint. Wir haben nämlich parallel dazu nicht nur auch einen hochkomplexen Propaganda-, Cyber- und Wirtschaftskrieg. Zudem scheint sich dieser Krieg nicht mehr, wie Rousseau noch glaubte, allein zwischen Staaten abzuspielen. Im aktuellen Ukrainekrieg scheint demzufolge – so schlimm es klingt – sogar alles Schreckliche enthalten zu sein, neben aller erschütternden Gewalt auch die von Thomas Hobbes und Carl Schmitt verwendeten eher psychologischen Kategorien von Feindschaft und Unsicherheit. Wie hängt das zusammen mit dem völkerpsychologischen Problem?

Hösle:

Bei diesem Konflikt geht es in der Tat nicht nur um Territorien und um Macht. Es ist ein Kampf um Anerkennung, der deswegen so kompliziert ist, weil die Russen im Grunde ihrer Seele einen Minderwertigkeitskomplex gegenüber dem Westen haben, den sie freilich auf alle mögliche Weise zu kompensieren suchen, und zugleich auf die Ukrainer als die »Kleinrussen« herabschauen. Dass der Westen den russischen Hinterhof in das gemeinsame Haus Europa aufnehmen will, aber die grosse russische Kultur zurückweist, ist der eigentliche Grund dieser Orgie von Ressentiment, die wir derzeit erleben. Das unterscheidet den Krieg von den klassischen Kabinettskriegen, die auf reinen Interessenkonflikten basierten, und gibt ihm in der Tat eine existenzielle Dimension von Feindschaft, da Kämpfe um Anerkennung und Wertkonflikte die Interessengegensätze überlagern. Man muss versuchen, das zu verstehen – was nicht bedeutet, es zu billigen. Die Russlandversteher, die die beiden Wortbedeutungen ständig verwechseln, darf man daran erinnern, dass man auch das Wannsee-Protokoll sehr gut verstehen kann, ohne an Entschuldigung zu denken

Das Problem der russischen Identität ist vielleicht das schwerste der Weltgeschichte. Für alle großen Kulturen ist der rasante Machtaufstieg Europas im 18. Jahrhundert, dank der wissenschaftlichen und der bald darauf erfolgenden Industriellen Revolution, die die Kolonialisierung vieler anderer Länder ermöglichten, nicht nur ein Schock gewesen, sondern auch eine tiefe Demütigung. (Diese setzte sich im 20. Jahrhundert mit der US-amerikanischen Hegemonie fort, die noch schwerer zu ertragen war, weil das Land noch weniger Gemeinsamkeiten mit vormodernen Kulturen hatte und als monolithischer Block auftrat, nicht in der Europa eigenen Pluralität von Sprachen und Traditionen.) Nicht nur wurde man besiegt, sondern man wurde von einer Kultur niedergeworfen, die oft jünger war als die eigene und als »barbarischer« empfunden wurde. So muss es etwa den Chinesen und Indern ergangen sein. Aber diese Kulturen hatten ihren eigenen Schwerpunkt außerhalb des Kerns Europas. Für die Araber war das plötzliche Machtgefälle wohl noch schwerer zu ertragen, denn die eigene und die fremde Kultur teilten den Monotheismus und die Rezeption der griechischen Antike.

Aber bei der russischen Kultur ist das Problem noch viel schmerzlicher, weil die russische Kultur ebenso eine christliche Kultur ist wie die westeuropäische. Und Russland hat seit dem 16. Jahrhundert sich selbst als drittes Rom verstanden, das heißt als Erbe nicht nur Roms, sondern auch Byzanz', nachdem Byzanz von den Osmanen erobert worden war. Daher rührt das besondere Sendungsbewusstsein Russlands, das sich für das eigentliche Christentum hält und doch von Westeuropa wesensverschieden und von ihm lange weitgehend abgekapselt war, auch wenn es schon unter Iwan dem Schrecklichen Handelsbeziehungen zu Großbritannien gab. Nicht nur kennt Russland weder Renaissance noch Reformation noch Aufklärung, selbst im Mittelalter fehlen Dinge wie die Universitäten und die Scholastik, die den westlichen Katholizismus so radikal von der Orthodoxie unterscheiden. Schon unter den Kirchenvätern ist Augustinus deswegen den großartigen griechischen Kirchenvätern so überlegen, weil er eine hochkomplexe philosophische Theorie der Subjektivität hat. Nicht nur gibt er in den »Bekenntnissen« (»Confessiones«) eine außerordentlich tiefe Darstellung des eigenen Fühlens und Erlebens innerhalb einer teleologischen Deutung der eigenen Entwicklung hin auf das Ruhen in Gott und schafft damit das Genre der Autobiographie. In »Über die Dreieinigkeit« (»De Trinitate«) legt er zudem sogar eine protophänomenologische Theorie vor, die außerordentlich subtil auf Bewusstseinszustände eingeht. Nichts Vergleichbares gibt es unter den griechischen Kirchenvätern. Augustinus' Werk setzt eine Energie frei, über sich nachzudenken, die in der sogenannten Renaissance des zwölften Jahrhunderts zu ganz neuen Gefühlen führt, zum Beispiel der Darstellung individueller Liebe, wie sie in Russland nicht existiert hat.

In Russland gibt es im Mittelalter nur eine monastische Kultur, wie wir sie ursprünglich auch in Europa hatten und die sich am Anfang des zwölften Jahrhunderts gegen die entstehende Frühscholastik auflehnte, aber den Kampf gottseidank verlor. Wir haben in der russischen Kultur nicht nur keinen Abälard, der Widersprüche zwischen Schriftstellen aufsucht, wir haben auch keinen Gratian, der Widersprüche zwischen den einzelnen Canones aufdeckt, um sie dann mit einer juristischen Methode aufzulösen. Auch wird nur im westlichen Mittelalter das römische Recht rezipiert, das eine erstrangige juristische Kultur atmet, in der Eigentumsrechte sehr ernst genommen werden.

Hähnel:

Und ein so luzider Geist wie der russische Philosoph, Mathematiker und Priester Pawel Florenskij, dessen Werk bzw. Bedeutung durch seinen offenen Antisemitismus leider getrübt wird, hat die kulturellen Unterschiede zwischen einer nach innen relativ stabil gebliebenen russischen Kultur und der westlichen, durch Renaissance, Reformation und Aufklärung tiefgreifend geprägten westeuropäischen Kultur am Beispiel der darstellenden Kunst auf eindrucksvolle Weise festgemacht. Während, so Florenskij, sich die westliche, an der Subjektivität der Wahrnehmung orientierte Kunst seit Leonardo da Vinci und der Entwicklung der camera obscura-Technik an der zentralperspektivischen Anordnung des Bildraumes orientiert, bleibt die russische Ikonenmalerei nebst ihren modernen Adaptionen und Emulationen (wie Malewitsch u.a.) der objektiven »umgekehrten Perspektive«[12] treu und verhindert dadurch eine – so die These – künstlerische Entwertung und ein wahrheitsfernes Abgleiten in ästhetische Beliebigkeiten. Es

---

[12] P. Florenskij, Die umgekehrte Perspektive, Berlin 1989.

ist ähnlich wie beim byzantinischen Ritus der Orthodoxie, in die die Ikonen ja zentral eingebunden sind – jede Veränderung seiner Gestalt kommt einem unerlaubten subjektivistischen Eingriff gleich. Allerdings argumentiert Florenski hier zu einseitig, weil er die sich ebenfalls von der Zentralperspektive verabschiedende kubistische Malerei eines Picasso unerwähnt lässt und an einer Stelle sogar zugibt, dass die Meisterschaft eines Michelangelo teilweise auch auf dem subtilen und gezielten Bruch mit der Zentralperspektive fußt.

Hösle:

Ich bin kein Kunsthistoriker, doch soweit ich weiß, kann man nicht davon ausgehen, dass die umgekehrte Perspektive in der byzantinischen und russischen Ikonenmalerei auf einer bewussten Entscheidung gegen die lineare Perspektive basiert; denn diese war noch nicht bekannt. In ihr konvergieren Linien, die im Raum parallel sind, in der byzantinischen divergieren sie. Deswegen erscheinen Gegenstände, die weiter weg sind, größer. Das entspricht einem Denken, für das nicht die Gesetze der subjektiven Wahrnehmung, sondern die Rangordnung der Dinge Ausschlag gibt – zumindest, wenn die Heiligen im Hintergrund des Bildes angesiedelt sind. Vermutlich kann man dies zusammenbringen mit anderen Unterschieden zwischen dem Westen und den Kulturen des Ostens, in denen die Reflexion auf die Subjektivität keine vergleichbare Rolle spielt, wie Hegel in seiner Geschichtsphilosophie nicht zu Unrecht behauptet. In der indischen Grammatik etwa heißt das, was wir im Westen »erste Person« nennen, »dritte Person« – und umgekehrt. Bei den Verbformen fängt man also nicht mit »ich«, sondern mit »er«/»sie«/»es« an. Und wenn meine Frau, die Koreanerin ist, nach Hause schreibt, überrascht mich immer wieder neu, dass der Name des Empfängers am Ende der Adresse steht – nach Land, Stadt, Straße. Das Individuum kommt nach dem Allgemeinen.

Hähnel:

Aber wie verhalten sich diese unterschiedlichen geistigen Grundlagen zur politischen Realität?

Hösle:

Außerhalb der monastischen Kultur Russlands herrschte in vielem noch eine große Wildheit. Es hat zwar Ansätze zur Stadtkultur mit republikanischen Strukturen gegeben, in denen sich vielleicht langsam ein bürgerliches Bewusstsein hätte entwickeln können. Man denke an Nowgorod, aber Nowgorod wurde 1570 auf brutale Weise von Iwan dem Schrecklichen zerstört, der die Stadt der Zusammenarbeit mit Polen-Litauen verdächtigte. Es ist schwer, bei diesem Despoten nicht an mongolischen Einfluss zu denken, da diese seit dem 13. Jahrhundert Russland beherrschten und erst im 16. Jahrhundert abzogen – noch 1571 setzten die Krimtataren Moskau in Brand. Auch wenn Iwan mehrere tatarische Khanate unterwarf, haben Jahrhunderte der Fremdherrschaft dem russischen Geist ein enormes Sicherheitsbedürfnis, eine daraus entspringende Neigung zur Autokratie sowie ein tiefes Misstrauen gegenüber Ausländern eingeprägt, und vermutlich hat Iwans theologische Ausbildung seinem Jähzorn nur eine besondere Hartnäckigkeit und Selbstgerechtigkeit verliehen.

Auffallend ist, wie der große Lyriker des Symbolismus Alexander Blok in der Bewertung des mongolischen Anteils der Russen schwankt. Einerseits heißt es in dem Gedicht »Die Skythen« (*Скифы*), die Russen seien zwar Asiaten, hätten aber Europa vor den Mongolen geschützt, gleichsam einen Schild vor Europa gehalten. In dem Gedicht »Auf dem Kulikowo-Feld« (*На поле Куликовом*), wo 1380 die Mongolen besiegt wurden, dagegen wird der eigene Pfad Russlands mit einem »Pfeil alten tatarischen Willens« verglichen, »der unsere Brust durchbohrt hat« – hier ist das tatarische Element nicht mehr etwas Externes, sondern etwas, das in den russischen Geist eingedrungen ist. Bei den heutigen Eurasiern gelten die Russen in der Tat nicht so sehr als Opfer denn als Erben der Mongolen, die ja ebenfalls große Teile Eurasiens unter ihre Kontrolle gebracht hatten. Der derzeitige russische Verteidigungsminister Schoigu ist ein großer Verehrer des wohl blutrünstigsten und pathologischsten Bürgerkriegsgenerals, Roman von Ungern-Sternbergs, der sich für eine Reinkarnation

Dschingis Khans hielt und schließlich von den Bolschewisten erschossen wurde.

Die Öffnung zum Westen beginnt mit Peter dem Großen, der 1697/98 in der Großen Gesandtschaft teilweise inkognito bis nach Preußen, Holland und England reiste. Berühmt, u.a. durch Albert Lortzings Komische Oper »Zar und Zimmermann«, ist seine Zimmermannslehre beim Werftmeister Gerrit Pool in Amsterdam. Diplomatisches Ziel der Reise war, Unterstützung im Kampf gegen das Osmanische Reich zu gewinnen, die er aber nicht erhielt. Zur tiefen Kränkung Russlands werden im Krimkrieg 1853–56 zahlreiche europäische Mächte (Großbritannien, Frankreich, später Sardinien-Piemont; selbst Österreich, das Russland eigentlich wegen seiner Hilfe 1848/49 während der Revolution Dank schuldete, drohte mit Kriegseintritt) dem Osmanischen Reich erfolgreich gegen Russland beistehen. Denn keiner dieser Staaten wollte, dass die enorme Landmacht Russland auch noch Zugang zum Mittelmeer erhielt, auch wenn Russland selbst religiöse Gründe anführte – und vermutlich auch wirklich an sie glaubte, da die selbstkritische Analyse der eigenen politischen Ziele nicht zu den russischen Stärken gehört.

Wie viele russische Reformer wollte Peter der Große vom überlegenen technischen und administrativen Wissen des Westens lernen, aber keineswegs dessen liberale politische Innovationen, die er in den Niederlanden und dem Vereinigten Königreich hätte bestaunen können, übernehmen. Daran hat sich bis heute nichts Wesentliches geändert, und das erklärt die beachtliche Zweckrationalität der Russen bei gleichzeitigem Unverständnis gegenüber den Prinzipien des Liberalismus. Sosehr die petrinischen Reformen Russlands Aufstieg zur Weltmacht erst ermöglicht haben (etwa die Militärreformen den Sieg über Schweden im Großen Nordischen Krieg, den Putin sicher zitieren würde, sollte er Skandinavien angreifen), sowenig entsprach die Schaffung des Heiligsten Dirigierenden Synods, einer Staatsbehörde, die das Patriarchat ersetzte, dem Gedanken einer autonomen Kirche. Die politische Oberhoheit über die Ideologie blieb ein zentraler Bestandteil Russlands, auch während und auch nach der sowjetischen Zeit. Katharina die Große, die andere große Vertreterin des aufgeklärten Absolutismus im Russland des 18. Jahrhunderts, war eine Deutsche und begann damit, viele Deutsche nach Russland einzuladen. Mit ihr wurde Russland ein zentraler Tel des europäischen Staatensystems. Im Zweiten Koalitionskrieg kämpften russische Truppen gegen Frankreich, denen sie den Gotthardpass entrissen, und Napoleons Invasion Russlands mit dem Brand Moskaus löste einen heroischen Widerstand aus, der entscheidend dazu beitrug, die Napoleonische Herrschaft über Europa zu brechen. Die Kriege gegen Napoleon brachten viele russische Truppen nach Westeuropa, und zumal die aristokratische Offiziersklasse wurde durch diese Begegnung radikal verändert.

Seitdem werden die Russen von der Frage gequält, wie sie sich eigentlich zu Westeuropa verhalten und ob sie das westliche Modell nachahmen sollen oder nicht. Diese neue Vertrautheit mit dem Westen führt einerseits zu dem Dekabristen-Aufstand, über den ja ursprünglich Tolstoi seinen großen epischen Roman »Krieg und Frieden« (Война и миръ) schreiben wollte, auch wenn jetzt nur am Ende des Buches darauf angespielt wird, weil die Darstellung der Napoleonischen Kriege sich als aufwendig genug erwies. Aber mit Klarheit sah Tolstoi den Zusammenhang zwischen diesen Kriegen und jenem Aufstand. Doch der Aufstand scheiterte, und es blieb bei der Autokratie des Zaren, die nur nach dem verlorenen Russisch-Japanischen Krieg von 1904/05 ansatzweise in eine konstitutionelle Monarchie umgewandelt wurde. Zwar wurde eine Verfassung 1906 gewährt, die der Zar aber gleich brach. Russland schaffte es nicht, ein moderner konstitutioneller Staat zu werden, und in der Katastrophe des Ersten Weltkrieges ergriffen die Bolschewisten die Macht.

Bei allem Pathos des radikalen Bruchs mit der Vergangenheit erwies sich die Sowjetunion als nicht weniger imperialistisch als das Zarenregime, und dasselbe gilt nun das *dritte* Mal für das postsowjetische Russland. Hegel spricht in den »Vorlesungen über die Philosophie der Geschichte« von den doppelten historischen Ereignissen, etwa der Wiederkehr der Monarchie unter Augustus, nachdem Cäsar ermordet worden war. Solche Ereignisse zeigen nach ihm, dass eine bestimmte Entwicklung unaufhaltsam ist. Ich fürchte, es wird den Russen nach diesem Krieg sehr schwerfallen, die Welt davon zu überzeugen, dass sie die Rechte kleinerer Staaten respektieren. Und während das Russland des 19. Jahrhunderts gleichzeitig eine großartige Kultur aufbot, kann man das von dem heutigen kaum sagen – es hat nur die Fratze des Imperialismus geerbt.

Neben dem Dekabristenaufstand bringt die Begegnung mit Westeuropa im 19. Jahrhundert nicht nur eine einzigartige russische Literatur, sondern eben auch philosophische Reflexionen hervor, die in vielem um die eigene nationale Identität kreisen. Ich bin mir nicht sicher, dass diese Werke ein bedeutender Beitrag zur Weltphilosophie sind, weil sie zu wenig auf objektive Fragen eingehen und auch argumentativ nicht sonderlich subtil sind. Aber ihr existenzieller Ernst ist ebenso unstrittig wie ihre Bedeutung für das Verständnis der russischen Entwicklung.

Hähnel:

Von Wladimir Solowjow (dem berühmten Philosophen, nicht Putins Scharfmacher) stammt das Bonmot, dass das, was an der russischen Philosophie philosophisch sei, »völlig unrussisch [sei], wohingegen das, was russisch an ihr ist, mit Philosophie nicht das Geringste zu tun habe.«

Hösle:

Ich kannte es nicht, aber es ist treffend! Die Slawophilen betonen auf jeden Fall den radikalen Unterschied Russlands vom Westen. Besonders wichtig ist Nikolai Danilewski, der in »Russland und Europa. Eine Ansicht zu den kulturellen und politischen Beziehungen der slawischen Welt zur germanisch-romanischen« (*Россия и Европа. Взгляд на культурные и политические отношения Славянского мира к Германо-Романскому*) von 1869 eine Kulturtypologie entwickelt, die die slawische Kultur radikal von der westeuropäischen abgrenzt. Das Buch wurde bald als »Katechismus der Slawophilie« bezeichnet, auch wenn es durch seinen realpolitischen Sinn ebenso wie das panslawistische Programm einer Föderation der slawischen Völker über frühere slawophile Theoretiker hinausgeht. Es kam bezeichnenderweise 1991 in einer Neuauflage von 70.000 Exemplaren heraus und ist seitdem immer wieder neu aufgelegt worden, weil es offenbar dem derzeitigen russischen Zeitgeist weitgehend entgegenkommt. Danilewski beginnt sein Buch mit einer Darstellung der europäischen Allianz gegen Russland im Krimkrieg und fragt dann: »Was hat Europa gegen Russland?« Russland gehöre kulturell nicht zu Europa, und das sei gut so, weil die europäische Zivilisation keineswegs eine universale Zivilisation sei und sich zudem in einem Prozess des Verfalls befinde. Die Europäisierung Russlands durch die Einführung des die Einheit des Landes spaltenden individualistischen Liberalismus sei nur eine Krankheit. Danilewski streicht die Überlegenheit der orthodoxen Kirche gegenüber der katholischen und der evangelischen Kirche heraus, denen er Machtwillen und Heuchelei vorwirft. Die Slawen sollen friedfertig, der Westen gewalttätig sein. Verallgemeinerungen wie diese sind offenbar selten intellektuell oder gar politisch hilfreich, denn auch wenn es im 19. Jahrhundert einen heuchlerischen, häufig christlich legitimierten westlichen Imperialismus etwa in Großbritannien und Frankreich gab, hat sich natürlich auch Russland in diesem Jahrhundert massiv ausgedehnt, wenn auch aufgrund seiner geographischen Position auf dem Landwege und nicht in Übersee. Und die Geschichte des 20. Jahrhunderts spricht der These vom friedlichen Russland geradezu Hohn.

Hähnel:

Und wie passt die Ukraine in dieses Selbstbild der Russen?

Hösle:

Ich denke, man versteht diesen Krieg nicht, wenn man nicht begreift, dass die Aufnahme der Ukraine in westliche Institutionen bei gleichzeitigem Zurückstoßen Russlands für den normalen Russen eine ultimative Beleidigung ist. Er mag im Idealfall noch akzeptieren, dass sich ihm der Westen entzieht, aber dass er die Ukraine vorzieht, ist ihm unerträglich. Sicher spielen bei diesem

Krieg auch handfeste wirtschaftliche Interessen eine Rolle – eine so sehr auf Ressourcenexport gegründete Wirtschaft wie die russische will die Schwerindustrie im Osten der Ukraine wieder haben. Die in sowjetischer Zeit dorthin gezogenen Russen gelten als Landsleute, die in ihrer Kultur und nationalen Ehre »verteidigt« werden müssen. Von den geopolitischen Ideen der Herzland-Theorie war ferner schon die Rede.

Und doch ist die Anerkennungsdimension keineswegs zu unterschätzen. Selbst im US-amerikanischen Exil hat ein herausragender russischer Lyriker wie der Nobelpreisträger Joseph Brodsky in seinem Gedicht »Auf die Unabhängigkeit der Ukraine« (*На независимость Украины*) seinem Ärger darüber Ausdruck verschafft, dass sich dieses von ihm als kulturell unterlegen empfundene Volk von der russischen Tradition loslöse. Im letzten Vers spricht er die Prophezeiung aus, die Ukrainer würden auf ihrem Sterbelager »Strophen von Alexander, aber nicht den Schwulst von Taras« (*строчки из Александра, а не брехню Тараса*) zitieren. Gemeint sind damit Alexander Puschkin und der ukrainische Nationaldichter Taras Schewtschenko.

Ich kann nicht Ukrainisch und kann dazu keine Stellung beziehen, auch wenn ich gerne glaube, dass es nicht leicht ist, an Puschkin heranzukommen. Aber was der Vers übersieht, ist, dass die Ukrainer lange Zeit kaum Gelegenheit hatten, in ihrer Sprache zu publizieren und dass einige große russische Schriftsteller aus der Ukraine stammen, zumal Nikolai Gogol und Michail Bulgakow. Wir brauchen im Westen mehr institutionalisiertes Wissen über die ukrainische Sprache, Literatur und Geschichte selbst dann, wenn man die russische für wichtiger hält. Im Grunde hat der Zusammenbruch der Sowjetunion der Wahrnehmung der Ukraine im Westen geschadet. Als die Union noch bestand, fuhren westliche Slawisten in alle Teilrepubliken, nach deren Auflösung jedoch meist nur nach Russland. Die Ukraine wurde oft links liegen gelassen.

Was übrigens die Ursprünge der russischen Literatur angeht, so sind sie von denen der ukrainischen nicht zu trennen – statt »Altrussisch« sollte man daher besser »Altostslawisch« sagen, weil sich die ostslawischen Sprachen am Anfang der Staatenbildung noch gar nicht ausdifferenziert hatten. Und diese Staatenbildung erfolgte in der Ukraine – Kiew ist viel älter und auch schöner als Moskau. Die Staatsgründung erfolgte durch Skandinavier (»Oleg« und »Igor« sind keine ursprünglich slawischen, sondern skandinavische Namen), und von der Kiewer Rus ging die Christianisierung der Ostslawen aus. Wladimir I. leitete 987/988 die erfolgreiche Bekehrung zum orthodoxen Christentum ein, nachdem schon seine Großmutter Olga, nicht jedoch sein Vater, sich hatte taufen lassen, und zwar in Konstantinopel. Allerdings holte sie bald einen katholischen Bischof aus Deutschland ins Land, der jedoch vertrieben wurde.

Die Mongolenherrschaft dauerte in der Ukraine weniger lange als in Russland, und schon im 14. Jahrhundert kam sie unter die Herrschaft des Großfürstentums Litauen, später des polnisch-litauischen Doppelstaates. Nach einer kurzen Unabhängigkeit unterwarfen sich die ukrainischen Kosaken dem russischen Zaren im 17. Jahrhundert. Doch der westliche Teil verblieb bei Polen; nach dessen Teilung kam er an Russland bzw. an Österreich, bei dem Galizien und Bukowina bis 1918 verblieben. Dieser kurze historische Abriss zeigt zweierlei – erstens, warum in der Tat große Gegensätze zwischen dem Osten und dem Westen der Ukraine bestehen, und zweitens, warum gerade der Westen des Landes sich kulturell Westeuropa zugehörig fühlt. Man kann die Fernsehserie »Diener des Volkes« (*Слуга народу*), in der Selenskyj vor seiner politischen Karriere einen ganz unerwartet zum Präsidenten gewählten Geschichtslehrer spielt, mögen oder nicht (sie wird in die Geschichte der Politik, nicht jedoch des Films und der Schauspielkunst eingehen), aber man kann schwerlich bestreiten, dass der Sinn für Humor in der Serie dem westlichen näher steht als dem russischen – etwa wenn dem auf der Toilettenschüssel die Zeitung lesenden Lehrer mitgeteilt wird, er habe die Wahl zum Präsidenten gewonnen.

Hähnel:

Sie erwähnten die unvergleichliche Größe der russischen Literatur. Dem ist zweifelsohne zuzustimmen, da deren Unvergleichlichkeit sehr stark von der intensiven und leidgeprüften religiösen Durchdringung der Lebens- und Erfahrungsbereiche des russischen Menschen und dem Versuch einer produktiven Abgrenzung gegenüber dem Westen herrührt. Das ist sicherlich einmalig und wirft erneut die Frage nach dem Antagonismus von (russisch interpretierter) Slawophilie und Westlertum auf. Was würden Sie sagen: Wie sehr spielt diese Unterscheidung eine Rolle bei der Erklärung der Sonderstellung der russischen Literatur?

Hösle:

Ich habe in einem alten Aufsatz, der in meinem Band »Russland 1917–2017« wiederabgedruckt ist, die These vertreten, die russische Literatur des 19. Jahrhunderts verdanke ihre Einzigartigkeit der Behandlung substanzieller Themen, die dem westlichen Individualismus schon im 18. Jahrhundert zum Opfer gefallen waren, mit den literarischen Errungenschaften, die der Westen in der Zwischenzeit entwickelt hatte. Puschkin hat Laurence Sterne und George Gordon Byron gründlich gelesen, aber »Eugen Onegin« (*Евгеній Онѣгинъ*) stellt Charaktere vor, die es nur in Russland geben konnte. Welcher Leser kann es, anders als Onegin, vermeiden, sich in Tatjana zu verlieben? Diese Frau hat Gefühle von einer Stärke, die im individualistischen Westen gar nicht mehr existieren können. Sie liebt absolut. Sie wird zurückgestoßen, heiratet schließlich ohne Liebe einen anderen, und als Onegin sie nun haben will, lehnt sie ab, weil sie, obwohl sie ihn immer noch liebt, die Heiligkeit der Ehe anerkennt. Puschkin selber verehrt Tatjana, und gleichzeitig ist der Versroman geschrieben mit einer spritzigen Ironie, die vor dem späten 18. Jahrhundert gar nicht denkbar gewesen wäre.

Tatjanas Erbin ist Lisa in einem der schönsten Romane Iwan Turgenjews, »Das Adelsnest« (*Дворянское гнездо*). Er wird im Westen heute weniger gelesen als »Väter und Söhne« (*Отцы и demu*), wurde aber im 19. Jahrhundert als sein Hauptwerk angesehen und steht dem anderen Werk nicht nach. Turgenjew war sicher der westlichste all dieser großen russischen Schriftsteller, aber der unsympathischste Charakter in dem Roman ist trotzdem – ein Westler, Wladimir Panschin. Er ist eitel, geschwätzig und banal, und dass Lisa, die den von seiner Frau getrennt lebenden Fjodor Lawretzkij liebt, aber um die Unmöglichkeit ihrer Liebe weiss (ausser in einer kurzen Phase, nachdem die falsche Nachricht von deren Tod eingetroffen ist), Panschins Heiratsantrag zurückweist und ins Kloster geht, adelt sie auch in den Augen ihres Autors.

Ich darf zwei Anekdoten aus meinem Lehrerleben erwähnen: Ich unterrichtete einmal an der University of Notre Dame einen Kurs zu den Genres von Biographie und Autobiographie mit zahlreichen Werken seit der Antike. Das letzte Buch, das wir lasen, war »Die Erziehung von Henry Adams« (»The Education of Henry Adams«), das von dem Enkel bzw. Urenkel zweier amerikanscher Präsidenten verfasst wurde und auf der Liste amerikanischer Sachbücher immer wieder den ersten Platz einnimmt, und nicht zu Unrecht. Als ich am Ende die (im übrigen sehr patriotische) Klasse fragte, was ihre drei Lieblingsbücher gewesen seien, erhob sich nur eine Hand zugunsten von Adams – mit der matten Rechtfertigung, wenn man auf eine John-Adams-Highschool gegangen sei, müsse man das wohl tun. Der unstrittige Sieger war Tolstoi, dessen semiautobiographische Trilogie zu Kindheit, Knabenjahren und Jugendzeit fast jeden Studenten ergriffen hatte. Und sie hatten recht! Vermutlich hat es seit Goethe und Dickens keinen so großartigen Schriftsteller mehr gegeben. Daher müssen wir uns nicht nur allgemein jeglicher Cancel Culture widersetzen, sondern besonders laut protestieren, wenn uns zugemutet wird, wir sollten keine russischen Klassiker mehr unterrichten – als ob nicht allein in ihnen die Chance zu einer Regeneration der russischen Gesellschaft läge! Ich finde es bedauerlich, ja unklug, dass in Kiew derzeit etwa Puschkin- und Tostoistraßen umbenannt werden. Dass gar Sergei Losnitza wegen seiner Opposition gegen den allgemeinen Boykott russischer Filme im März 2022 aus der Ukrainischen Filmakademie ausgeschlossen wurde, war eine beschämende Entscheidung.

Das andere Werk der ostslawischen Literatur, das eine erzählenswerte studentische Reaktion auslöste, war das Igorlied (*Слово о плъку Игоревѣ*) aus dem späten zwölften Jahrhundert. Ich unterrichtete es im Rahmen eines Kurses über mittelalterliche epische Literatur. Wir begannen mit dem altfranzösischen Rolandslied (»Chanson de Roland«) und dem altspanischen »Lied von meinem Cid« (»Cantar de mio Cid«). Als wir dann zum altostslawischen Igorlied kamen, rief ein begabter Student, der, wohlgemerkt, den Text nur in Übersetzung gelesen hatte (immerhin in der ausgezeichneten von Vladimir Nabokov), tief bewegt aus: »Aber das ist so viel besser als die beiden anderen Epen, das ist wirkliche Dichtung!« In der Tat ist die lyrische Kraft dieses Textes außerordentlich, und die Naturschilderungen gehen weit über das hinaus, was Westeuropa im zwölften Jahrhundert bietet. Und doch ändert dieses Lob durchaus nichts an dem, was ich über den Mangel an subjektiver Entwicklung im russischen Mittelalter gesagt habe. Eine Liebesgeschichte wird im Lied erwähnt, weil Fürst Igor eine Prinzessin der Polowzer heiratet, die ihn besiegt und gefangengenommen haben. Die alten Fürsten sehen ein, dass das eine Weise ist, den Krieg zu beenden. Aber die Liebesgeschichte wird hier ganz unromantisch von einer staatspolitischen Warte aus betrachtet. Die eigentliche Beziehung zwischen Mann und Frau spielt in dem Gedicht überhaupt keine Rolle, ganz anders als in der großen mittelhochdeutschen Dichtung des frühen 13. Jahrhunderts, um von Dantes »Neuem Leben« (»Vita Nova«) zu schweigen.

Hähnel:

Um von der Literatur zur Religion zurückzukehren: Die Rolle des Christentums in seinen verschiedenen Ausprägungen spielt in der Bestimmung des Ortes der russischen Kultur und Kunst gewiss eine entscheidende Rolle. Gerade Slawophile wie Alexei Chomjakow sahen die Aufgabe Russlands darin, die christliche Kirche zu erneuern, indem sie – übrigens ähnlich wie der Protestantismus – den griechischen Begriff des »katholikos« (grch. ganzheitlich) für sich reklamierten. Folglich sollte am russischen Wesen die Welt genesen, davon kündet auch noch die Puschkinrede von Dostojewskij, wenngleich sie – wie die Reaktion von Konstantin Leontjew zeigt – mit der Idee einer Verbrüderung der Völker den russischen Führungsanspruch wieder relativiert und den Missionsgedanken auf die Ebene der Idee eines universalen Christentums hebt.

Hösle:

Ohne Zweifel finden sich zwei Formen der Slawophilie – eine eher auf die Besonderheit Russlands bzw. der Slawen abhebende, wie bei Danilewski, und eine eher universalistische, nach der am Russentum die ganze Welt genesen soll. Innerhalb dieser mag man dann unterscheiden, ob diese Ideologie imperialistisch ausgerichtet ist oder nur eine spirituelle Botschaft verbreiten will – man denke auch an Iwan Schatow in den »Dämonen« (*Бѣсы*) Dostojewskis. Wer heute dessen berühmte Puschkinrede von 1880 liest, kann es kaum verstehen, warum sie seinerzeit eine solche Begeisterung ausgelöst hat. Ein Grund liegt sicher darin, dass sie es dank ihrer pompösen Allgemeinheiten den entgegengesetzten ideologischen Lagern Russlands erlaubte, sich anerkannt zu fühlen (mit der Ausnahme Leontjews, der die Verbrüderung der Völker scharf ablehnte und den Putin daher zitiert).

Mir scheint im übrigen, dass der ideologische Erfolg des Marxismus-Leninismus ganz ähnlich darin begründet war, dass er eine westliche Ideologie übernahm, sie aber gleichzeitig mit traditionellen russischen Ideen wie der Obschtschina, der Dorfgemeinschaft, anreicherte und zudem Russland die Rolle zusprach, Speerspitze der die Moderne vollendenden Weltrevolution zu sein.

Hähnel:

Eine dezidierte Abgrenzungsrhetorik zum Westen hat sich vor allem Wladimir Putin zu eigen gemacht, der unter anderem dem Westen einen Verfall seiner Werte vorwirft. Welche Werte meint er damit? Wenn er von moralischen Werten analog zu europäischen Konservativen sprechen würde, dann müsste er mehr oder weniger geflissentlich doch ausblenden, dass Russland immer noch eine hohe Abtreibungsquote und Scheidungsrate hat?

Hösle:

Sie haben sicher recht, dass die christliche Natur der gegenwärtigen russischen Ideologie höchst zweifelhaft ist. Vermutlich ist die Unterwanderung des Klerus, zumal des höheren, durch den KGB noch verhängnisvoller gewesen als die Verfolgung der Orthodoxie durch die Bolschewisten, bis Stalin während des Zweiten Weltkrieges seinen Frieden mit der Kirche machte, deren Trostfunktion bei so vielen Gefallenen sozial sehr wichtig war. Es ist mir nicht möglich, Patriarch Kyrill I. als spirituelle Autorität ernst zu nehmen. Für ihn ist dieser menschenverachtende, zutiefst unchristliche Krieg u.a. dadurch gerechtfertigt, dass sich die Ukrainische Orthodoxe Kirche von dem Patriarchat in Moskau abgespalten hat, übrigens mit dem Segen des Patriarchen von Konstantinopel. Damit zeigt Kyrill, dass seine eigene hierokratische Macht ihm wichtiger ist als Zehntausende von Menschenleben und die Vermeidung von Millionen von Flüchtlingsschicksalen. Auch ist die Verherrlichung der durch Armut und Leiden erzeugten Spiritualität der russischen Bevölkerung durch im Luxus schwelgende Politiker und Kirchenmänner unerträglich heuchlerisch, wie kürzlich der russische Philosoph Alexander Zipko hervorgehoben hat.

Ganz grundsätzlich besteht ein Problem der orthodoxen Kirche darin, dass sie über keine intellektuell anspruchsvolle Theorie der Moderne verfügt – im Unterschied zur Katholischen Kirche, die seit Leos XIII. Enzyklika »Rerum Novarum« von 1891 eine der komplexesten Sozialethiken ausgearbeitet hat, die je eine Religion entwickelt hat. Die Moderne, auch die Industrialisierung und der Kapitalismus, sind in dieser Perspektive vernünftig, müssen aber rechtlich und ethisch gebändigt werden. In der orthodoxen Kirche gibt es dagegen keine reiche Tradition der Sozialethik, und m.W. auch kaum des gerechten Krieges. Das erklärt, warum jene einerseits den Raubtierkapitalismus abgesegnet hat, solange er seinen Zehnten entrichtete, andererseits einen nationalistischen

Imperialismus nicht zu verurteilen vermag, sondern sich bestenfalls in vagen moralischen Allgemeinheiten verliert.

Im Wesentlichen ist die antiwestliche Rhetorik Putins und seiner Kirche heute ein Mittel, die Autokratie zu legitimieren, frei nach dem Motto: »Wenn ihr euch auf den Liberalismus einlässt, endet das Ganze mit der Homoehe. Wollt ihr diese nicht, akzeptiert gefälligst die Diktatur.« Auch bei der Bevölkerung ist die traditionelle Religiosität weitgehend geschwunden; übriggeblieben sind Aberglaube und eine Ethnoreligiosität, die die Religion nicht um ihrer metaphysischen und moralischen Botschaften hochschätzt, sondern sie als Vehikel des Nationalismus instrumentalisiert.

Und doch gibt es auch heute einige russische Künstler, bei denen eine komplexe Religiosität und eine große Vertrautheit mit dem Formenschatz der Tradition, auch und gerade der westlichen, Werke hervorbringt, denen der Westen kaum Gleichrangiges an die Seite zu stellen hat – ich erinnere an Maxim Kantor. Eine gewisse spirituelle Tiefe setzt vermutlich wirklich leidvolle historische Erfahrungen voraus.

Hähnel:

Noch eine letzte Frage zu der großen Vergangenheit. Es reicht ja sicherlich nicht aus, wenn ein Putin als Staatsgeschenk eine Gesamtausgabe von Dostojewski mitbringt, um zu zeigen, dass ihm an der Pflege der eigenen Kultur gelegen sei. Genauso wenig glaubt man, dass Angela Merkel jeden Tag Hölderlin liest, nur weil sie dem Papst eine Werkausgabe geschenkt hat. Ein Bekannter und Mitglied der deutschen Dostojewski-Gesellschaft besuchte vor einiger Zeit die Stadt Omsk und erzählte mir, dass man vor einiger Zeit die dortige Universität in »Dostojewski-Universität« umbenannt habe. Von großen akademischen Aktivitäten vor Ort im Andenken an den Literaten hat er mir leider nicht berichten können; das gilt übrigens auch für die deutsche Dostojewskij-Gesellschaft, die eigenartigerweise selbst ein sehr distanziertes Verhältnis zu ihrem Namensgeber hat, wie mein Bekannter berichtete. Ist es eine Eigenschaft von autokratisch regierten Staaten, dass Kulturgüter für diese einen rein instrumentellen Wert besitzen und sogar dazu benutzt werden, Traditionen zu erfinden? Birgt diese Situation nicht im Gegenzug auch die Möglichkeit, dass Kulturschaffende sich neu besinnen und wieder – wenn sie gelassen werden – kreativ werden?

Hösle:

Die Umbenennung der Universität in Omsk erfolgte 2004, und natürlich ist der Verdacht gut begründet, dass derartige Aktionen keine lebendige Kultur schaffen, auch wenn diese sich vielleicht selbständig, außerhalb staatlichen Druckes, regenerieren kann. Auch unter den Nationalsozialisten gab es ja, bei aller Propaganda für den deutschen Geist, kein Aufblühen der deutschen Kultur. Zwar gab es in der sowjetischen Opposition hervorragende Schriftsteller wie Bulgakow und Pasternak, aber teils zehrten sie von vorsowjetischem kulturellem Kapital, teils wurde die kommunistische Ideologie ja von vielen wirklich geglaubt, sie nährte sich nicht einfach von Ressentiment wie der heutige russische Imperialismus. Was mich bedrückt, ist, wie sehr Künstler, die schon in sowjetischer Zeit Bedeutendes geleistet hatten, sich vom Putinismus haben vereinnahmen lassen. Ich denke an den Regisseur Nikita Michalkow, dessen Vater Sergej die sowjetische und dann bezeichnenderweise auf Putins Bitte hin auch die neue russische Nationalhymne verfasste und dessen Urgroßvater der vorzügliche Maler Wassili Surikow war. Nikita Michalkow verdanken wir bis in die 1990er Jahre bedeutende Filme, etwa »Die von der Sonne Ermüdeten« (*Утомлённые солнцем*) zum Beginn der Stalinschen Säuberungen. Heute ist er ein extremer russischer Nationalist und Verehrer Putins, den er schon 2007 beschwor, unter Bruch der damals noch nicht geänderten Verfassung sich zum dritten Mal zum Präsidenten wählen zu lassen. 2005 organisierte Michalkow die an eine Reliquientranslation erinnernde Überführung der sterblichen Überreste Iwan Iljins, eines profaschistischen und antidemokratischen russischen Exilphilosophen, den Putin sehr bewundert. Iljin schrieb im übrigen auch zu Hegel, aber seine Interpretationen sind ideologisch und entbehren jeder Wissenschaftlichkeit. Der schon erwähnte Filmregisseur Schachnazarow, Generaldirektor der Filmproduktionsgesellschaft Mosfilm und Sohn eines wichtigen Mitarbeiters und Freundes Gorbatschows, ging noch weiter als Michalkow; in einer Talkshow erklärte er im Mai 2022, die Gegner des Krieges müssten wissen, sie erwarte das Konzentrationslager und die Sterilisation. Denn jetzt müsse man Ernst machen.[13]

Hähnel:

Kommen wir nochmal auf den Begriff des »Westens« zu sprechen, der ja heute vornehmlich politisch, d.h. meist zur Selbstvergewisserung und zur Abgrenzung, gebraucht wird und wohl *cum grano salis* durch den Begriff des westlichen Liberalismus ersetzt werden kann, gerade auch im Hinblick auf die USA, die in der Umsetzung dieses politischen Modells und Lebensstils einen Führungsanspruch erheben. Aber ist die Verwendung des Begriffs des »Westens« in einem bipolaren, abgrenzenden Sinne, wie ihn auch noch Reagan mit seiner »Zwei-Reiche-Lehre« benutzt hat, noch zeitgemäß? Das heutige Russland sieht sich doch wie kein anderes Land der Welt umgeben von zahlreichen multi-ethnischen und multireligiösen Gesellschaften, wovon der Westen ja nur ein Teil ist. In Ihrem Buch »Globale Fliehkräfte« sprechen Sie diese Thematik ja auch explizit an und schildern darüber hinaus die tiefe innere Spaltung des Westens selbst, was darauf hindeutet, dass Putin hier lediglich ein zwischenzeitlich obsolet gewordenes Geschichtsbild reaktiviert und für seine Zwecke instrumentalisiert, d.h. propagandistisch auflädt.

Hösle:

Der Begriff des »Westens« ist ein Kampfbegriff und nicht sachhaltig. Er ist ohnehin relativ zur eigenen geographischen Lage – von den USA aus gesehen ist ja Russland der Westen... Zudem suggeriert der Terminus eine Kompaktheit des Gebietes liberaler Demokratien, die nicht besteht: Auch pazifische Staaten wie Japan, Südkorea, Australien und Neuseeland gehören dazu. Das heutige

---

[13] https://www.youtube.com/watch?v=oMc3fdV_u3A.

Russland spricht vom Westen teils im Anschluss an den Sprachgebrauch der Sowjetunion (»Die außergewöhnlichen Abenteuer von Mr. West im Land des Bolschwisten« (*Необычайные приключения мистера Веста в стране Большевиков*) heißt ein recht banaler Film von Lew Kuleschow aus dem Jahre 1924), teils weil ein das politische System bezeichnender Begriff wie »liberale Demokratie« die eigene Legitimität in Frage stellen könnte – vergessen wir nicht, dass Russland den Ukrainekrieg als Denazifizierungskampagne verkauft.

Und Sie haben natürlich recht, dass auch das bipolare Weltbild mit dem Ende der Sowjetunion verschwunden ist. Ich habe schon erwähnt, dass wir keineswegs den Russen den Gefallen tun sollten, eine Achse Peking/Moskau herbeizureden, sondern im Gegenteil den Chinesen bei jeder Gelegenheit erklären sollten, dass wir ihre Staatsform von der russischen genau zu unterscheiden wissen. Umgekehrt ist Indien zwar eine Demokratie, aber mit zunehmend faschistischen Tendenzen der Ausgrenzung der moslemischen Bevölkerung; das Land pflegt gute Beziehungen zu Russland und ist wie viele Entwicklungsländer nicht frei von Schadenfreude, dass endlich wieder einmal auch in Europa ein Krieg wütet. Zudem ist nicht garantiert, dass die liberale Demokratie im »Westen« erhalten bleibt – darüber schreibe ich in der Tat in »Globale Fliehkräfte«. Putin arbeitet daran, und der »Westen« trägt eine beträchtliche Mitschuld an seinem eigenen Niedergang.

Man soll nicht hoffen, dass der ganze Globus sich in ein großes Amerika oder ein großes Westeuropa verwandelt. Einerseits müssen alle nichteuropäischen Kulturen sich modernisieren, weil sie sonst nicht evolutionär stabil sind, das heißt keine Chance haben, die Konkurrenz mit dem Westen zu überleben. Aber sie müssen auch möglichst viel von ihren eigenen wertvollen Traditionen bewahren. Wir brauchen eine Vielfalt von Modernisierungen, aber diese können im Frieden miteinander nur leben, wenn das Völkerrecht anerkannt wird. Und sie müssen lernen, friedlich miteinander zu leben, weil ein Krieg unter Bedingungen der waffentechnologisch fortgeschrittenen Moderne, und nur unter ihnen, das beträchtliche Risiko einer Selbstauslöschung der Menschheit in sich birgt.

Abb. 5: Ship of Fools (2019)

Hähnel:

Das bringt mich noch auf eine allerletzte Frage, die vielleicht auch ein bisschen naiv oder blauäugig erscheint. Oder vielleicht auch nicht. Was kann Ihrer Meinung nach die Philosophie dazu beitragen, diesen erforderlichen Mentalitätswechsel, von dem Sie gesprochen haben, zu begleiten? Die Eule der Minerva startet ihren Flug in der Dämmerung. Also die Philosophie kommt immer ein bisschen zu spät. Aber gibt es da die Möglichkeit einer Art Echtzeit-Philosophie?

Hösle:

Lassen Sie mich, wie zu Beginn des Interviews, wiederholen, dass die Philosophie viel weniger leistet als die Soldaten, die in der Ukraine kämpfen und sterben, oder auch die großzügigen Menschen, die den Flüchtlingen helfen. Und doch braucht eine Gesellschaft auch einen theoretischen Kompass, der uns erstens erklärt, wie die Welt strukturiert ist, und zweitens lehrt, was moralisch richtig ist. Einen solchen Kompass kann die Philosophie allein nicht liefern, aber ohne Philosophie kann man ihn nicht finden. Allerdings gibt es keine einheitliche Philosophie. Deswegen werde ich nur generell sagen können, was eine gute Philosophie tun sollte. Eine gute Philosophie sollte sich den drängenden Fragen der Zeit nicht entziehen und insofern das Risiko einer Echtzeit-Philosophie eingehen. Sie kann es aber nur dann gut machen und etwas Bleibendes leisten, wenn sie mit langem Atem vorausgedacht und die Zeitgeschehnisse hat kommen sehen – sonst kann sie nichts mehr hervorbringen als das Hecheln der Talkshows.

Hegel, einer der größten Rechtsphilosophen aller Zeiten, hat gleichzeitig hervorragende politische Analysen von Zeitproblemen geliefert, etwa in der Schrift zu dem Konflikt zwischen dem König und den Ständen in Württemberg oder derjenigen über die englische Reformbill. Das sind tagesaktuelle Schriften, die aber deswegen Klassiker sind, weil sie auf einem tiefen Verständnis der Natur der Politik und der normativen Prinzipien des Staates basieren.

Was die gegenwärtige Krise betrifft, so kann die Philosophie uns helfen, klarer zu begreifen, erstens warum es immer noch Kriege gibt und zweitens was Kriterien eines gerechten Krieges sind. Dass der Westen so überrascht wurde, hat auch damit zu tun, dass er eine oberflächliche Philosophie eingesogen hatte, die den

Triumph der westlichen Demokratie und der Marktgesellschaften als Ende der Geschichte verkündigte. Auch die Diskursethik, der ich ja selber mit Sympathie gegenüberstehe, hat versagt, weil sie keine Theorie für den Fall hat, dass sich jemand dem Diskurs entzieht. Es ist sicher wünschenswert, Konflikte im Diskurs oder am Verhandlungstisch zu lösen, aber man muss stets mit der Möglichkeit rechnen, dass Menschen nicht mehr an den Verhandlungstisch zurückwollen, weil sie zum Ergebnis gekommen sind, dass sie mit Gewalt mehr bekommen können von dem, was sie wollen. Deswegen brauchen wir eine gesellschaftlich anerkannte Theorie, wie wir gegenüber Gewalt uns verhalten sollen. Eine solche Theorie auszuarbeiten, fällt nicht leicht. Aber die Konsequenzen des Mangels an einer solchen Theorie werden noch viel schwerer fallen.

Die nächsten Jahre werden schwierig sein und vielleicht katastrophal enden. Immerhin wird ein philosophischer Gewinn darin bestehen, dass sie das Ende der philosophischen Postmoderne einläuten werden. Wenn Bomben Menschen zerfetzen, kann man das nicht als bloße soziale Konstruktion abtun, und wenn ein Aggressor Unschuldige wie in Butscha massakriert, wacht das moralische Gewissen auf, das vom Glauben an die Objektivität von Werten lebt. Möge dieser Gewinn ohne zu viele Leiden errungen werden!

Hähnel:

Lieber Professor Hösle, herzlichen Dank für dieses Interview!

3. Macht und Expansion – Warum das heutige Russland gefährlicher ist als die Sowjetunion der 70er Jahre[*]

Wenn ich mit einer persönlichen Erinnerung beginnen darf: 1990 konnte ich als Gast des Instituts für Philosophie der sowjetischen Akademie der Wissenschaften vier Monate in Moskau verbringen, die zu den faszinierendsten und glücklichsten meines Lebens gehören. Ich konnte mit eigenen Augen erleben, dass die von Michail Gorbatschow angekündigte Glasnost Wirklichkeit wurde: Die Gespräche mit Kollegen und Studenten waren sach orientiert, geistig intensiv und ehrlich, denn man fürchtete den Druck eines totalitären Staates nicht mehr, die Angst vor einer militärischen Auseinandersetzung mit dem Westen (aller Wahrscheinlichkeit nach unter Einsatz von Nuklearwaffen) zerschmolz, man war zwar besorgt, aber auch gespannt auf den Fortgang der Perestroika, und man freute sich darauf, endlich in den Westen reisen zu können. Der Kalte Krieg war zu Ende, und Russen gratulierten mir mit aufrichtiger Freude zu der bevorstehenden Einigung Deutschlands.

Leider sind die Erinnerungen an die Aufbruchszeit vor einem Vierteljahrhundert oft ein Hinderungsgrund, die heutige Situation richtig einzuschätzen: Denn man nimmt nur ungern das Scheitern von Hoffnungen wahr. Die Weigerung vieler, die heutige Realität Russlands ohne Wunschdenken zur Kenntnis zu nehmen, hat in psychologisch sehr naheliegenden Selbsttäuschungsmechanismen ihren entscheidenden Grund. Der Kalte Krieg war enorm anstrengend – einerseits zwang er dazu, in Militärausgaben zu investieren,

---

[*] Dieser Text erschien erstmals in »Blätter für deutsche und internationale Politik« (Juni 2015), 101-110.

an deren Umlagerung in soziale Aufgaben man sich inzwischen gewöhnt hat, andererseits minderte das Leben mit der ständigen, wenn auch latenten Angst vor einem Atomkrieg die Lebensqualität beträchtlich. Ist es nicht natürlich, dass man lieber den Kopf in den Sand steckt als anerkennt, dass heute wieder anstrengende und schmerzliche Veränderungen erforderlich sind, wenn man einer viel größeren Katastrophe entgehen will? Gewiss ist dies natürlich – und ebendeswegen sind besondere argumentative Mühen erforderlich, um aus dieser natürlichen Verdrängung aufzurütteln. Denn die Lage ist heute gefährlicher als in den 1970er und 1980er Jahren. Bevor ich erkläre, warum dies so ist und was dagegen getan werden kann, will ich kurz einige der Faktoren nennen, die zur jetzigen Situation geführt haben.

Der Reformprozess, den Gorbatschow angestoßen hatte, geriet sehr bald außer Kontrolle. Die Hoffnungen, die sich überall breitmachten – auf nationale Selbstbestimmung, auf Rechtsstaatlichkeit und das Ende der Unterdrückung, auf Demokratisierung und zumal auf ein schnelles Einholen des westlichen Lebensstandards – wären selbst bei einer besser vorbereiteten politischen Führungsklasse nicht gleichzeitig oder innerhalb kurzer Zeit zu erfüllen gewesen. Deutschland, wo der Nationalsozialismus nur zwölf Jahre gedauert hatte, musste vier Jahre nach dem Ende Hitlers einen 73jährigen Mann zum Bundeskanzler wählen, der vor 1933 genügend Erfahrungen mit rechtsstaatlichen und demokratischen Strukturen gesammelt hatte. In Russland hätte es freilich aufgrund der sieben Jahrzehnte währenden bolschewistischen Herrschaft rüstiger Hundertjähriger mit ausgezeichnetem Gedächtnis bedurft – ja selbst diese hätten nicht geholfen, da Russland ganz bescheidene demokratische Erfahrungen nur in den chaotischen Kriegsmonaten von Februar bis Oktober 1917 gemacht hatte. Das Ende der Sowjetunion am 26. Dezember 1991 war durch den – an sich eine Stärkung der Zentralgewalt beabsichtigenden – gescheiterten Putsch vom August 1991 beschleunigt worden; entscheidend war aber der Wunsch der Regierungen der meisten der fünfzehn Sowjetrepubliken nach Souveränität. Man darf Zweifel daran haben, dass die Mehrheit der Bevölkerung die Auflösung

3. Macht und Expansion

der Union wünschte, wenn man bedenkt, dass im März 1991 fast 78 Prozent der Wähler in einem Referendum – das allerdings in den drei baltischen Republiken sowie in Moldawien, Armenien und Georgien nicht durchgeführt wurde – für die Bewahrung der Union stimmten. Immerhin votierte die Ukraine in einem zweiten Referendum im Dezember 1991 überwältigend für die Unabhängigkeit, aber zu diesem Zeitpunkt war schon klar, dass die Sowjetunion keine Überlebenschance mehr hatte. Es ist auf jeden Fall fair zu sagen, dass die Auflösung der Sowjetunion nicht durch externe Eingriffe, sondern durch innere Zerfallsprozesse verursacht wurde.

Mit dem Ende der Sowjetunion entstand ein Machtvakuum, das gefüllt werden musste. Da es keine allgemein anerkannten Regeln und insbesondere keine demokratischen politischen Traditionen gab und da die kommunistische Ideologie inzwischen von einem Großteil der Bevölkerung nicht mehr akzeptiert wurde, war Chaos vorprogrammiert. Die schwere Verfassungskrise vom September 1993, während deren Jelzin verfassungsgemäß vom Parlament abgesetzt wurde, endete mit Jelzins Sieg, weil das Parlament es nicht schaffte, das Militär auf seine Seite zu ziehen, obwohl durchaus eine Chance dazu bestanden hätte. Seitdem ist das Militär dem Präsidenten loyal gewesen. Der ehrgeizige und populäre General Lew Rochlin wurde 1998 ermordet – angeblich von seiner Frau, die aber später ihr erpresstes Geständnis widerrief.

Bei dem Konflikt zwischen Jelzin und dem russischen Parlament unterstützten die westlichen Mächte deutlich den Präsidenten, der Marktreformen durchzusetzen versprach; sie erkannten freilich damit das Prinzip der Überordnung der Exekutive über die Legislative an. Die neue Verfassung vom Dezember 1993 gab dem Präsidenten weitestgehende Rechte, etwa durch Erlasse zu regieren; auch sind die Hürden für eine Amtsenthebung des Präsidenten außerordentlich. Die Wiederwahl – seit 2008 alle sechs Jahre – ist die einzige Schwelle, die zu nehmen ist. Immerhin hat die russische Verfassung nur zwei unmittelbar anschließende Wahlperioden zugelassen, aber die ingeniöse Rochade von Präsident und Premier hat es Wladimir Putin ermöglicht, seit 2000 ununterbrochen der starke Mann des Landes zu sein. Da er von Jelzin 1999 als Premier ernannt und als sein Nachfolger ausgewählt wurde, lässt sich sagen, dass es seit der Souveränität Russlands keinen wirklichen Bruch im Präsidentenamt gegeben hat. Dies hat die Opposition unweigerlich geschwächt, die zudem stets in sich gespalten war, weil sie auf keine gemeinsame Ideologie rekurrieren konnte; im Gegenteil, manche Oppositionelle standen links, andere rechts von der Regierungspartei. Die zunehmende Kontrolle der Massenmedien durch den Staat, die Schikanierung von Opposition und Nichtregierungsorganisationen, schließlich die Ermordung des führenden Oppositionellen Boris Nemzow und die damit Hand in Hand gehende Einschüchterung der wenigen verbliebenen Oppositionellen haben einen Machtwechsel durch Wahlen inzwischen de facto unmöglich gemacht.

Die Achtung vor dem Rechtssystem zerbrach

Insgesamt brachten die 1990er Jahre für Russland ungekannte Massenarmut, einen Zusammenbruch des Gesundheitswesens, eine Verkürzung der Lebenserwartung um zahlreiche Jahre, einen rasanten Anstieg der Kriminalität und eine allgemeine Korruption, die durch den Wunsch motiviert wurde, jetzt endlich reich zu werden. Wer geglaubt hatte, die sozialistischen Jahrzehnte hätten eine höhere Form von Solidarität inspiriert, sah sich getäuscht und mit einem brutalen Kapitalismus konfrontiert, der ex contrario Max Webers These bestätigte, ohne ein besonderes religiöses Ethos könne diese Wirtschaftsform sich nicht segensreich entfalten. Anders als die katholische Kirche hat die Orthodoxie bis heute keine auf den modernen Kapitalismus reagierende Soziallehre; milde Gaben mafioser Organisationen an die Kirche sind eine legitime Weise, sich in den Augen der Orthodoxie gottgefällig zu erweisen. Die enormen Ressourcen Russlands, die nach allen Regeln der Gerechtigkeit öffentliches Eigentum waren, wurden an Günstlinge des Kreml verteilt; oft entschied brutale Gewalt, wer was erhielt. Nach der Unterordnung des Militärs waren die Oligarchen die wichtigste Herausforderung des Kreml; sie wurden geduldet, sofern sie sich nicht in die Politik einmischten. Taten sie es, mussten sie das Land verlassen wie die unter anderem unabhängige Fernsehsender besitzenden Wladimir Gussinski und Boris Beresowski (an dessen »Selbstmord« in Ascot 2013 viele Zweifel bestehen). Oder sie wurden wie Michail Chodorkowski ins Gefängnis gesteckt – meist aufgrund wirklicher Delikte, die allerdings bei politisch gefügigeren Oligarchen akzeptiert, ja ermutigt wurden. Damit zerbrach jede Achtung vor dem Rechtssystem, die schon in der Sowjetunion gering gewesen war.

Man kann Putins unstrittige Popularität in Russland nicht verstehen, wenn man nicht anerkennt, dass er im ersten Jahrzehnt seiner Herrschaft die wirtschaftliche Lage des Landes bedeutend verbesserte – unter anderem dank kompetenter Ökonomen wie Michail Kassjanow, der allerdings 2004 entlassen wurde, als er die willkürliche Verhaftung des Oligarchen Platon Lebedew kritisierte. Der wirtschaftliche Aufschwung stützte sich allerdings hauptsächlich auf den Verkauf von Ressourcen; eine Diversifikation der Industrie fand kaum statt, und ebenso wenig erzeugte die russische Wirtschaft auf dem Weltmarkt besonders geschätzte Markenprodukte. Gleichzeitig wurde die föderale Struktur Russlands de facto abgeschafft – die Gouverneure der Regionen werden inzwischen vom Präsidenten vorgeschlagen und nicht mehr direkt gewählt. Die Macht der *silowiki*, der Bürokraten aus Verteidigungs- und Innenministerium, nahm enorm zu, und während sie in der Tat einigen Machtmissbrauch der Oligarchen ahnden konnten, sind sie selbst jeder Kontrolle entzogen. Noch mehr gilt das für die Mitglieder des seit 1995 bestehenden Rechtsnachfolgers des KGB, des FSB, aus dessen Reihen Putin selber kommt. In seiner Amtszeit wurden zahlreiche kritische Journalisten und Menschenrechtler ermordet, ohne dass die Täter zur Rechenschaft gezogen wurden (mit Ausnahme der Mörder Anna Politkowskajas, doch blieben die Hintermänner unbekannt und unbehelligt). Während es möglich ist, dass derartige Verbrechen autonom von Teilen des Sicherheitsapparates geplant und vollzogen wurden, wird es mit der zunehmenden Machtkonzentration Putins meines Erachtens immer unwahrscheinlicher, dass sie ohne seinen Befehl, zumindest sein billigendes In-Kauf-Nehmen geschehen. Würden sie gegen seinen Willen erfolgen, würden die Täter heute zu viel riskieren.

Die Konzentration staatsrechtlicher Kompetenzen beim Präsidenten, die Unterordnung des Parlaments unter die Exekutive, die Pflege einer Scheinopposition wie der sogenannten Liberal-Demokratischen Partei Russlands – des Tummelplatzes des nationalistischen Extremisten Wladimir Schirinowski –, die Beseitigung realer Opposition, die Einschüchterung der Gesellschaft durch gezielte Morde, die Eindämmung der Oligarchen und die enorme Popularität Putins erlauben das Urteil, seit Stalin habe kein russischer Politiker so viel Macht besessen wie Putin. Denn nach Stalins Tod funktionierte die Sowjetunion als oligarchisches System, und Chruschtschow konnte 1964 vom Politbüro abgesetzt werden.

Aber ein entscheidender Machtfaktor Putins ist noch gar nicht genannt. Ihm gelang die Wiedergewinnung einer ideologischen Basis, ohne die die Macht langfristig nicht zu sichern ist. Wenn ein Glaubenssystem zerbricht, sei es auf individueller, sei es auf kollektiver Ebene, ist es naheliegend, auf das Frühere zurückzugreifen – jedenfalls ist es einfacher, als sich zu etwas Neuem zu bekennen. In Russland gab es kaum liberale Traditionen, und der Neoliberalismus der 90er Jahre wurde als raffgierig und vulgär empfunden. Also belebte Putin eine Ideologie wieder, die vorsowjetisch war – diejenige vom heiligen Mütterchen Russland, das sich gegen westliche Barbarei zur Wehr setzen muss. Unterstützt von der orthodoxen Kirche, konnte Putin eine Ideologie ausbauen, die den fortgesetzten Machtkampfstrategien der sowjetischen Zeit, zumal in den Geheimdiensten, eine religiöse Weihe verlieh. Das traf nicht nur deswegen auf große Resonanz, weil es kaum sonstige plausible ideologische Angebote gab; es traf den Nerv einer noch mehr als durch den wirtschaftlichen Niedergang durch den Verlust der Stellung einer Weltmacht tief gedemütigten Nation. Ich werde nie die verkrüppelten Veteranen aus dem Großen Vaterländischen Krieg vergessen, die im Sommer 1993 auf dem Roten Platz lachenden westlichen Touristen ihre Ehrenabzeichen für einen Spottpreis verkaufen mussten. Sicher waren diese Touristen nicht für den Zusammenbruch des Pensionssystems verantwortlich, aber es war unschwer vorherzusehen, dass ihr Verhalten Rachegelüste gegen den Westen erzeugen musste.

Russlands nationalistische Ideologie

Im Grunde ist im Gesagten schon enthalten, warum Russland heute gefährlicher ist als die alte Sowjetunion. Ich sehe fünf Gründe. Die sowjetische Ideologie war erstens der Marxismus, und dieser ist universalistischer Natur. So abscheuliche Verbrechen auch auf seiner Grundlage begangen wurden, lehrte er doch einen Einsatz für die Elenden der ganzen Welt; und auch wenn er die Verantwortung vor Gott eliminierte, blieb in ihm die Verantwortung vor dem Urteil der Geschichte zentral. Immerhin konnte die Sowjetunion einen Gorbatschow hervorbringen, was dem nationalsozialistischen System versagt gewesen wäre, selbst wenn es länger gedauert hätte, und die Zahl anständiger Sowjetbürger, die von einem Gerechtigkeitsideal beseelt waren, war nicht gering.

Die neue Ideologie Russlands ist dagegen aggressiv nationalistisch. Als großer Politiker gilt, wer das Wohl der eigenen Nation über alles stellt. Das ist nicht einfach die Wiederkehr der alten Staatsräson Europas; denn diese implizierte eine Unterordnung der eigenen Interessen unter den Staat. Davon ist bei den kleptokratischen Zynikern im Umfeld Putins nichts zu spüren. Statt der – beschränkten – Tugenden der alten Aristokratie herrscht die Vulgarität von Neureichen, die sich mit Gewalt und Betrug bereichern.

Stalin hatte zweitens dem trotzkistischen Expansionismus eine Absage erteilt und sich auf den Aufbau des Sozialismus im eigenen Lande beschränkt. Gewiss nahm Stalin 1939 an Hitlers Raubzug teil und erfolgte 1945 eine massive Ausdehnung des sowjetischen Herrschaftsbereiches – aber Letzteres entsprach traditionellen Üblichkeiten für den Sieger eines Krieges, der in keinem Lande so viele Opfer gekostet hatte wie in der Sowjetunion und den diese nicht angezettelt hatte. Mit Ausnahme des Einmarsches in Afghanistan 1979 – ein Land, dessen Kontrolle schon das zaristische Russland begehrt hatte – wurden die bestehenden Grenzen nicht der Sowjetunion, aber doch des Warschauer Paktes respektiert. Akzeptiert man die durchaus problematische Definition Hans Morgenthaus von Imperialismus als Herausforderung des Status quo, war die Sowjetunion der 70er Jahre ein nicht-imperialistisches Reich. Was wir jetzt sehen, ist zwar immer noch der größte Flächenstaat der Erde, doch ein territorial kleineres Reich, das nun aber deutliche imperialistische Ambitionen hat: Es will das alte Territorium der Sowjetunion wiederherstellen. Schirinowski träumt sogar von den Grenzen von 1917, einschließlich Finnlands und Polens; ja, der Vizepremier Dmitri Rogosin schrieb im Oktober 2014 in einem Vorwort zu Iwan Mironows Buch über den Verrat und Verkauf Alaskas, Russland habe das Recht, seine Kolonien zurückzufordern. Auch wer wie der Autor dieser Zeilen die Abwicklung der Sowjetunion 1991 bedauerte, kann allerdings nur betonen, dass völkerrechtlich an der Souveränität des »nahen Auslands«, also der vierzehn ehemaligen Sowjetrepubliken außerhalb Russlands, nicht zu rütteln ist. Wollen zwei souveräne Staaten *beide* fusionieren, so ist das ihr gutes Recht. Doch angesichts der inneren Entwicklung Russlands ist es sachlich völlig rational, dass ein Land wie die Ukraine, das die enormen Fortschritte Polens sieht, sich von einer Anbindung an EU und Nato mehr Rechtsstaatlichkeit, Demokratie, Wohlstand, soziale Gerechtigkeit und Sicherheit verspricht denn als Satellitenstaat oder gar Teil Russlands.

Sicher hat sich Russland schon im 19. Jahrhundert als antirevolutionäre Macht verhalten und etwa der Habsburgmonarchie 1849 bei der Niederschlagung der ungarischen Revolution geholfen. Die Beunruhigung durch die Maidan-Revolution von 2014 war groß, unter anderem weil Putin befürchtete, die revolutionäre Stimmung könnte sich auch in Russland gegen eine kleptokratische Regierung wenden. Aber so sehr der Sturz Wiktor Janukowitschs der Auslöser der von Moskau aus geplanten Sezession der Krim und der separatistischen Gewalt in der Ostukraine war, so naiv wäre es, dies als eine spontane Reaktion zu deuten. Pläne zur

Annexion ukrainischen Territoriums existierten seit langem. Wer den in der »Nowaja Gaseta«, der letzten unabhängigen Zeitung Russlands, die zum Teil Gorbatschow gehört, am 28. Februar 2015 publizierten Annexionsplan des devoten orthodoxen Oligarchen Konstantin Malofeew, der in der ersten Februarhälfte 2014, also vor dem Sturz Janukowitschs, dem Kreml vorlag, liest, merkt sofort, dass er nur eine Konkretisierung seit langem bestehender Ideen darstellt, deren moralische Rechtfertigung erst gar nicht versucht wird, wie das unweigerlich der Fall wäre, würde es sich um einen neuen Vorschlag handeln. Auch die Schnelligkeit der Reaktion Russlands deutet darauf hin, dass hier nur Pläne aus der Schublade gezogen werden mussten.

Abb. 6: On March (2001)

Wer sich mit dem 1997 in erster Auflage erschienenen Buch des Gründers und Vorsitzenden der Eurasischen Partei, Alexander Dugin, »Osnoby geopolitiki« (Grundlagen der Geopolitik) befasst, das russischen Generalstabsoffizieren als Lehrbuch dient (und dessen Übertragung ins Deutsche ich mir wünsche, nicht etwa weil ich es schätze, sondern weil das deutsche Publikum, das selten Russisch liest, dadurch mehr über die Kategorien russischer Politiker erfahren würde), wer Alexander Prochanows Zeitung

»Sawtra« kennt, die einen Einmarsch russischer Truppen in die Ukraine lange vor dem Ereignis forderte, weiß, dass die Wiederherstellung des sowjetischen Territoriums und die Transformation der »dekadenten« EU in ein russisches Protektorat deklarierte Ziele der aggressiven Rechten sind, die oft von den Altkommunisten nicht zu unterscheiden ist: Prochanow stand im August 1991 auf Seiten des Putschversuches gegen Gorbatschow. Dugins Besessenheit von der Geopolitik, die man wie manch andere Aspekte des heutigen Russlands aus dem Deutschland der 1920er und 1930er Jahre kennt (man denke an Karl Haushofer), beruht auf Missachtung der »willkürlichen« gegenwärtigen Grenzen und damit eines grundlegenden Prinzips des Völkerrechts. Geopolitik ist ihrer Natur nach imperialistisch im Sinne Morgenthaus. Dugin gehört übrigens heute zu den Kritikern Putins, der – zurückgehalten von in den globalen Kapitalismus verflochtenen Liberalen – zu zaudernd vorgehe.

Und in der Tat ist dies der dritte Grund für die größere Gefährlichkeit Putins. Putin ist nicht nur unkontrollierter Alleinherrscher Russlands, er ist auch außerordentlich intelligent – er weiß, dass das Geschwätz von Schirinowski, Prochanow, Dugin und Rogosin kontraproduktiv ist. Die Kunst der Verstellung und der offenen Lüge beherrscht der ehemalige KGB-Agent zur Perfektion, und er kennt die alte Maxime »zwei Schritte vor, einen Schritt zurück«, mit der man kurzsichtige Gegner leicht beruhigen kann. Zentraleuropa hat er mit den Erdgasexporten wirtschaftlich von sich abhängig gemacht, damit er neben dem militärischen ein weiteres Druckmittel in der Hand hat; und er hat die erste Überschreitung der ukrainischen Grenze sehr geschickt als Sezession organisiert, wohl wissend, einige westliche Völkerrechtler würden die Öffentlichkeit dahin belehren, so etwas sei keine wirkliche Annexion.

Die »Freiwilligen«, die in der Ukraine kämpfen, scheinen zwar keine richtige Wahl zu haben – die »Nowaja Gaseta« vom 16. Februar 2015 berichtet von einem jungen Soldaten, der seiner Familie besorgt mitgeteilt hatte, er werde nach Rostow am Don versetzt, von wo aus die »Freiwilligen« die Grenze zur Ukraine überschreiten; er wurde kurz darauf erschlagen, doch trotz Hämatomen am ganzen Körper und gebrochener Nase erkannte die Staatsanwaltschaft einen Selbstmord, hierdurch die Varianten dieser Todesart um eine neue, bisher unbekannte bereichernd. Die russischen Soldaten, die in der Ukraine fallen, bekommen keine öffentliche Beerdigung, doch dies scheint Putins Popularität nicht nachhaltig zu schaden.

Putins zentrales Streben gilt der Macht: erstens in Russland selber, wo er, wie gesagt, eine seit Stalin unbekannte Machtfülle genießt. Aber er kann diese Machtkonzentration nicht nur vor dem Volk, sondern auch vor sich selber nur rechtfertigen, wenn sie als notwendig erscheint. Anfangs war das Argument, das ihm auch westliche Politiker wie Gerhard Schröder abkauften, es gehe ihm, etwa bei der Abschaffung des Föderalismus, nur um den Erhalt Russlands; und in der Tat hat er dem Land größere Stabilität und größeren Wohlstand gebracht. Da aber diese wirtschaftlichen Erfolge nicht langfristig sind, zumal ein beträchtlicher Teil der Intelligenz und die besten Wissenschaftler das Land verlassen haben, braucht er nun außenpolitische Erfolge, und es gibt jeden Grund zu vermuten, dass er selber sich für berufen hält, die Schmach von 1991 zu sühnen. Zwar wird jeder Tyrann ab einem bestimmten Zeitpunkt von der Stimmung des Hasses getrieben, die er selbst losgetreten hat, und zu irrationalen Entscheidungen gedrängt, die er eigentlich gar nicht will, aber zu Putins Zielen wird zweitens die Ausdehnung seiner Macht über das heutige Territorium Russlands hinaus durchaus gehören, im Idealfall auf alle ehemaligen Sowjetrepubliken.

In meinem Buch »Moral und Politik« unterscheide ich drei Typen von Machtkämpfen, denen auch drei Formen von Krieg entsprechen. Geht es nur um Interessen, wie in den Kabinettskriegen des 18. Jahrhunderts, sind Kriege meist kontrollierbar – denn ein Kompromiss ist meist eher im beiderseitigen Interesse als fortgesetzte Verluste. Wesentlich blutiger sind Kriege um Werte wie die Revolutionskriege nach 1789 und der Zweite Weltkrieg. Immerhin gibt es hier eine moralische Dimension, die dem Kampf der einen Seite eine gewisse Würde gibt, und es kann die Hoffnung bestehen, dass am Ende die Sachargumente auch vom Gegner begriffen werden. Am bittersten sind Kriege, in denen es um Anerkennung geht, in denen der eine dem anderen zeigen will, dass er ihn nicht so hätte behandeln dürfen. Revanchekriege sind meist Kriege dieser Art. Der Erste Weltkrieg hatte viele Züge eines solchen Krieges. Sicher handelt es sich bei dieser Unterscheidung um Idealtypen: In der Regel sind die drei Typen in der Wirklichkeit vermischt, allerdings nicht zu gleichen Graden. Das Anerkennungsproblem spielte auch im Zweiten Weltkrieg auf deutscher Seite eine wichtige Rolle, aber der eigentliche Streit ging um die Legitimität bestimmter staats- und völkerrechtlicher Ideen. Auch heute spielt ein solcher Streit mit, und natürlich ist die Kontrolle der Ukraine als dem größten Flächenstaat Europas für die russischen Oligarchen verlockend. Doch an der Basis des Konflikts schwelt – viertens – ein Kampf um Anerkennung mit dem Westen. Da Russland den Übergang in einen effizienten und fairen Kapitalismus nicht geschafft hat, sucht es nun die Auseinandersetzung auf der Ebene, auf der es sich überlegen fühlen kann, der physischen: nicht viel anders als arbeitslose trunkene Teenager, die diejenigen zusammenschlagen, deren Blick ihnen zu suggerieren scheint, sie hielten sich für überlegen.

Ein wichtiger Unterschied ist, dass Russland das größte Atomwaffenarsenal auf Erden besitzt. Die Chance, atomar weiter abzurüsten, die unter Obama ohne Zweifel bestand, hat Putin zurückgewiesen, und zwar sicher weil die Ungleichheit im wirtschaftlichen und wissenschaftlichen Bereich nur durch die vielen Atomwaffen kompensiert wird. Dies mag im kurzfristigen Interesse seines Landes sein; im Interesse der Welt ist es nicht. Militärische Macht ist das Einzige, worauf Russland sich heute etwas einbilden kann – zusammen mit der enormen Leidensfähigkeit des russischen Volkes, die, in zwei Weltkriegen erprobt, allen Russen das Gefühl vermittelt, wenigstens darin seien sie im Falle eines Konfliktes »Gayropa« überlegen (so heißt die EU in Russland inzwischen, auch wenn jemand tief gesunken sein muss, um sich so viel auf seine Heterosexualität einzubilden). Putin hat uns im letzten Jahrzehnt reichlich Gelegenheit gegeben, seinen muskulösen Oberkörper zu bestaunen – die Fotos waren schon Drohungen, und diese kommen nun immer expliziter, wie diejenige mit einem

Einmarsch in Kiew (in einem Gespräch mit José Manuel Barroso) oder sogar in Nato-Länder (so angeblich in einem Gespräch mit Petro Poroschenko) oder mit einem nuklearen Angriff auf Dänemark (durch seinen Botschafter am 22. März 2015). Auch die Erklärung Putins vom 23. Februar 2015, er glaube nicht an einen Krieg mit der Ukraine, weil dieser »apokalyptisch« sein würde, schafft es auf geschickte Weise, eine ungeheure Drohung und zugleich abwiegelnd für diejenigen zu sein, die sich etwas vormachen lassen wollen. Wenn er dann zwei Tage später erklärt, die Weigerung Kiews, auf eigene Kosten Erdgas in die abgespaltenen Gebiete fließen zu lassen, »schmecke nach Genozid«, scheint er anzudeuten, es bestehe nun moralischer Anlass für eine »humanitäre Intervention«. Wer sich dieser Wortwahl bedient, will keinen Frieden. Und man darf sich trotz des Minsker Abkommens darauf gefasst machen, dass bei guter Gelegenheit die »Separatisten« Mariupol zu nehmen versuchen werden, um so die Krim auf dem Landweg mit dem Mutterland zu vereinen. Ob man dann auch nach Transnistrien, den östlichen Teil Moldawiens, vorstoßen und die »Restukraine« in ein Protektorat verwandeln wird, bleibt abzuwarten.

Was tun?

Warum hat Putin 2014 losgeschlagen? Wie gesagt, glaube ich nicht, dass die Maidan-Revolution die eigentliche Ursache war. Auch wenn sie als Provokation wahrgenommen wurde, hätte Putin gewartet, wenn er den Zeitpunkt nicht für geeignet gehalten hätte. Ich vermute, Putin ist sich im Klaren darüber, dass die Zeit gegen Russland arbeitet. Der Aufstieg Chinas als zweiter Weltmacht wird Russland weiter in den Hintergrund drängen; die Chancen auf große wirtschaftliche Fortschritte Russlands sind nicht gut; Putins Alter ist derart, dass er nicht allzu lange warten kann, wenn er als »Sammler russischer Erde« in die Geschichtsbücher eingehen will. Insbesondere aber: Er und die meisten Russen nehmen den

Westen als derzeit besonders schwächlich war, und das ist der fünfte Unterschied zur Situation der 1970er Jahre.

Obama gilt – in meinen Augen zu Unrecht – als schwacher Präsident, dessen Versuch, die amerikanisch-russischen Beziehungen zu bessern, daher zurückgewiesen wurde, auch wenn gleichzeitig so getan wird, die USA bedrohten Russland. Die Kriegsmüdigkeit der USA nach dem rechtlich, moralisch und politisch verwerflichen Irakkrieg, die weiterhin mühsame Abstimmung der europäischen Außenpolitik trotz der Existenz einer Außenbeauftragten der EU, die antieuropäischen Kräfte in vielen EU-Ländern, das Vorherrschen kurzsichtiger Politiker, die, wie das britische Oberhaus kürzlich schrieb, schlafwandelnd in die Krise stürzten, schließlich die offenen Sympathien des tschechischen Präsidenten und des ungarischen Ministerpräsidenten für Putin waren eine Chance, die dieser sich nicht entgehen lassen durfte. Putin weiß, dass die Politik der EU nicht militärisch abgedeckt ist: Viele Verteidigungsbudgets der EU sind in den letzten Jahren geschrumpft, während unter Anatoli Serdjukow als Verteidigungsminister (2007 bis 2012) die Schlagkraft der russischen Streitkräfte bedeutend erhöht wurde. (Serdjukow machte sich mit seinen klugen organisatorischen Reformen viele Feinde im Militär und wurde wegen angeblicher Korruption entlassen.)

Der Westen hat im neuen Jahrhundert viele Fehler gemacht. Ich nenne nur: Die Kündigung des ABM-Vertrages 2001 durch die USA war unklug, die Verletzung des Völkerrechts im Irakkrieg 2003 skandalös, der Sturz Gaddafis 2011 ohne Klärung seiner Nachfolge unverantwortlich, die Entscheidung des Internationalen Gerichtshofs 2010 zur Unabhängigkeit des Kosovo schuf einen gefährlichen Präzedenzfall, und man hätte in Kiew auf die legale Abwahl Janukowitschs im Herbst 2014 warten sollen. All dies sollte man zugeben. Angesichts der horrenden Folgen eines Krieges mit Russland ist es ferner völlig vernünftig, dass man wegen der Ukraine nicht einen solchen Krieg riskieren will und kann. Aber der Aggressor muss dafür einen Preis zahlen, und zwar einen wirtschaftlichen wie einen diplomatischen; denn moralische Argumente fruchten nicht mehr. Nachgeben würde nur zu noch mehr Forderungen führen. Empfindliche wirtschaftliche Sanktionen sollten folgen, wenn das Abkommen von Minsk verletzt wird – allerdings so, dass weitere wirtschaftliche Druckmittel übrig bleiben. Denn dieses Mittel muss möglichst lange zur Verfügung stehen – in der Hoffnung, dass die Oligarchen aus Angst vor weiteren Verlusten protestieren, statt auf die »patriotische Linie« einzuschwingen. Auch am Konflikt nicht beteiligten Staaten, zumal China, muss die Gefährlichkeit der russischen Politik eindringlich klargemacht werden.

Was geschehen würde, sollte Russland einen jener sechs EU-Staaten angreifen, die nicht Nato-Mitglieder sind, um die Schwäche der EU deutlich zu machen (aus geographischen Gründen sind Zypern, Finnland und Schweden die einzigen plausiblen Kandidaten), weiß niemand. Zumindest eine Rückkehr des Kalten Krieges und eines neuen Eisernen Vorhangs wäre unvermeidlich. Die Verletzung der Grenzen eines Nato-Landes stellte dagegen unweigerlich einen Bündnisfall dar.

Alle Versuche, die USA und die EU zu entfremden, müssen abgewehrt werden, zumal ohnehin eine starke Tendenz in den USA besteht, sich stärker dem pazifischen Raum zuzuwenden, in dem ganz andere Wachstumsmöglichkeiten existieren. Der politische Einigungsprozess in der EU muss vertieft werden – dass der Kreml sich durch ihn bedroht fühlt, belegt ja seine Unterstützung der antieuropäischen extremen Rechten. Insbesondere aber muss die wahre Natur des Putinschen Regimes deutlich gemacht werden, trotz aller Versuche im Internet, vermutlich oft im bezahlten Auftrag Russlands, abwiegelnde und antiamerikanische Ressentiments zu schüren. Die Ablenkung der westlichen öffentlichen Meinung durch geringere Probleme, wie die Abhöraffäre, aber selbst ernsthafte wie den islamistischen Terror, hat es erst ermöglicht, dass Russland durch einen Coup überraschen konnte, der in Wahrheit vorhersehbar hätte sein müssen.

Gleichzeitig muss der Westen, wie zu Zeiten des Kalten Krieges, Russland klarmachen, dass er stets zur Rückkehr zur Zusammenarbeit willens ist, wenn das Völkerrecht als das wichtigste Mittel, Gewalt zwischen Staaten zu verhindern, respektiert wird. Die innere Herrschaftsstruktur Russlands kann man von außen nicht ändern. Aber man sollte bei Begegnungen mit Russen keine Gelegenheit ungenutzt lassen, auf die enormen Risiken zu verweisen, die ein autoritäres Regime und eine aggressive Politik mit sich bringen – auch mit Verweis auf die jüngere europäische Geschichte, unter der gerade die große russische Nation so viel leiden musste.

4. Die große Zäsur: Putins Eroberungskrieg*

Die am 24. Februar 2022 begonnene russische Invasion der Ukraine wurde umgehend als eine der großen Zäsuren in der Geschichte Europas gedeutet, etwa in der Bundestagsdebatte vom 27. Februar. Und das völlig zu Recht: Seit dem Zweiten Weltkrieg hat es einen solchen Krieg zwischen selbstständigen Staaten in Europa nicht mehr gegeben. Zwar hat der russische Präsident Wladimir Putin die temporäre Sezession der Republiken Donezk und Lugansk mit der Sezession der jugoslawischen Teilrepubliken und später des Kosovo von Serbien verglichen; aber der 1991 begonnene Jugoslawienkrieg blieb stets ein reiner Bürgerkrieg. Relativ bald wurde freilich klar, dass es der Zentralregierung in Belgrad nicht so sehr um die Erhaltung der staatlichen Einheit ging als um das Herausreißen der von Serben bewohnten Gebiete aus den sich für selbstständig erklärenden Gliedstaaten.

Beide Kriege, der Zerfallskrieg Jugoslawiens wie der Krieg Russlands gegen die Ukraine, haben allerdings in der Tat etwas zu tun mit dem Auseinanderfallen nicht-demokratisch regierter Vielvölkerstaaten aufgrund teils nationalistischer, teils demokratischer Aspirationen. In dem einen Fall, nämlich dem Jugoslawiens, ging es allerdings darum, dieses Auseinanderfallen zu verhindern, im anderen, dem Krieg Russlands gegen die Ukraine, geht es Putin darum, das Auseinanderfallen der Sowjetunion, das er bekanntlich als die größte Katastrophe des 20. Jahrhunderts begreift, rückgängig zu machen. Damit ist schon einer von zwei entscheidenden Unterschieden genannt. Denn ob das Auseinanderfallen eines

---

* Dieser Text erschien erstmals in »Blätter für deutsche und internationale Politik« (April 2022), 75-81.

Staatswesens verhindert oder rückgängig gemacht wird, ist völkerrechtlich ganz anders zu bewerten.

Die Unabhängigkeitserklärung Sloweniens und Kroatiens am 25. Juni 1991 brach Staats- wie Völkerrecht, das grundsätzlich keine Sezession erlaubt, höchstens unter besonders engen Voraussetzungen. Die Auflösung der Sowjetunion hingegen wurde explizit von Russland mitbetrieben. Sicherlich gab es, teilweise schon vor dem Putschversuch vom August 1991 und auch danach, Unabhängigkeitserklärungen der einzelnen Sowjet-Republiken; aber den Todesstoß versetzten der Union erst die Belowescher Vereinbarungen zwischen Russland, der Ukraine und Belarus vom 8. Dezember 1991, die in ihrer Präambel die Existenz der Sowjetunion für beendet erklärten. In der Erklärung von Alma-Ata bestätigten, neben diesen drei Staaten, auch acht weitere ehemalige Sowjetrepubliken (Georgien und die drei baltischen Staaten waren schon vorher ausgetreten) am 21. Dezember 1991 das Ende der Sowjetunion. Ein wichtiges Motiv der russischen Regierung war, dass mit diesem Ende Russland souverän wurde und der russische Präsident Boris Jelzin an Macht gewann. Dennoch war Russland als Fortsetzerstaat der Sowjetunion an die Charta von Paris für ein neues Europa vom 21. November 1990 gebunden, die den Kalten Krieg beendet zu haben schien – und in der sich alle Unterzeichnerstaaten zu Menschenrechten, Demokratie und Rechtsstaatlichkeit bekannten und sich feierlich verpflichteten, »sich jeder gegen die territoriale Integrität oder politische Unabhängigkeit eines Staates gerichteten Androhung oder Anwendung von Gewalt zu enthalten«.

Da die Ukraine dank der auf ihrem Territorium gelagerten Atomwaffen mit dem Ende der Sowjetunion das drittgrößte Atomwaffenarsenal der Welt hatte, verpflichteten sich im Budapester Memorandum über Sicherheitsgarantien vom 5. Dezember 1994 die Atommächte Russland, USA und Großbritannien als Gegenleistung für den Verzicht auf Nuklearwaffen dieses Landes (sowie derer Belarus' und Kasachstans) speziell zur Achtung von deren Souveränität und territorialer Integrität. Denn im Interesse des Wunsches der Weltgemeinschaft nach Begrenzung der Zahl der

Atommächte hatten diese Staaten ein wichtiges Sicherheitspfand aus den Händen gegeben.

All das zeigt, dass heute, über dreißig Jahre nach dem Zerfall der Sowjetunion, nicht nur die Unabhängigkeit der Ukraine eine zweifelsfreie rechtliche Tatsache ist, sondern auch, dass über das Gewaltverbot der Charta der Vereinten Nationen hinaus Russland besonders verpflichtet ist, jene zu respektieren.

In seiner geschichtsklitternden Rede vom 21. Februar, unmittelbar vor der »Anerkennung« der Volksrepubliken Donezk und Lugansk, hat Putin jedoch der Ukraine schlicht und einfach das Existenzrecht als Staat abgesprochen, weil sie »immer« ein Teil Russlands gewesen sei. Ihre angeblich nur faktische Unabhängigkeit wurde zwar auf einen noch früheren Zeitpunkt zurückgeführt als 1991, aber auf einen, der in Russland heute als absolut illegitim gilt – die Oktoberrevolution der Bolschewiki, in deren Folge die Ukraine von Lenin überhaupt erst künstlich geschaffen worden sei.

Auch die weiteren Argumente Putins waren schamlos. Dass die Minsker Abkommen von 2014 und 2015 auch von der Ukraine nicht umgesetzt wurden, ist richtig; doch dabei spielte die Angst vor Ausnutzung einer neuen staatsrechtlichen Ordnung durch Russland eine wichtige Rolle, und diese Angst war alles andere als unbegründet. Sicherlich ist Korruption in der Ukraine weit verbreitet, doch leider vergaß Putin hinzuzufügen, dass Russland auf dem Index von Transparency International um einiges weiter unten rangiert. Gewiss gibt es in der Ukraine extreme, den radikalen Partisanenführer Bandera verehrende Nationalisten. Doch hat die rechtsextreme Partei Swoboda bei den Parlamentswahlen von 2014 weniger als 5 Prozent erhalten, und 2019 schrumpften die Stimmen aller neonazistischen Parteien von über einer Million auf etwa 300 000 – in einem Volk von 44 Millionen.

Russland dagegen ist, wie wir eigentlich nicht erst jetzt wissen, in der Hand eines nationalistisch besessenen, »eurasisch« denkenden faschistischen Diktators, der Angst vor dem ersten Gelingen einer Demokratie in einem ostslawischen Land hat, das zudem sogar einen jüdischen Präsidenten gewählt hat. In Belarus gelang es dagegen 2020 mit Putins Hilfe, durch Wahlfälschungen den seit 1994 amtierenden Lukaschenka an der Macht zu halten. Der Preis, den dieser zahlen musste, war der Verlust einer eigenen Außen- und Sicherheitspolitik. Sein Land funktioniert derzeit als willkommenes Aufmarschgebiet russischer Truppen.

Warum kommt der Krieg gerade jetzt?

Dass Russland einen völkerrechtswidrigen, moralisch unbedingt illegitimen Angriffskrieg führt, ist anders als im Falle Jugoslawiens also offenkundig. Die letzten Beispiele aus der europäischen Geschichte für diese Art von Krieg sind die Angriffe des Dritten Reiches auf Polen 1939 und die Sowjetunion 1941. Allerdings war damals das Gewaltverbot trotz des Briand-Kellogg-Pakts nicht in gleicher Weise im Völkerrecht verankert wie heute. Dass dieses Verbot seit 1945 immer wieder verletzt wurde, auch und gerade von europäischen Mächten und den USA, ist leider unstrittig; doch ging es letzteren um den Sturz unliebsamer Regierungen, nicht um die Aneignung von Territorium, wodurch die jetzige Völkerrechtsverletzung nicht nur moralisch besonders verwerflich, sondern zudem politisch hochgefährlich ist.

Der zweite Unterschied betrifft nämlich die Tatsache, dass der heutige Konflikt eingebunden ist in die Frage von Bündniszugehörigkeiten, die sich 1991 in Jugoslawien nicht stellte, da das Land keinem Bündnis angehörte. Das macht den heutigen Konflikt viel gefährlicher als damals, als kaum zu befürchten war, er könne sich über die Grenzen Jugoslawiens ausdehnen. Zudem war Jugoslawien keine Atommacht.

Russland und die Ukraine sind dagegen die beiden größten Flächenstaaten Europas; das Ausmaß an Gewalt nimmt bei Konflikten zwischen solchen Staaten entsprechend zu. Russland begründete seinen Angriff auch mit dem Argument, es fühle sich von der Nato »eingekreist« (deren Mitgliedsländer in Wahrheit weniger als ein Zehntel der russischen Grenze berühren), und verlangte im Dezember 2021 einen prinzipiellen Verzicht der Ukraine auf Nato-Mitgliedschaft.

Grundsätzlich neutrale Staaten gibt es durchaus – teils aus eigener Entscheidung wie Schweden und die Schweiz, teils aufgrund von Niederlagen im Krieg, wie Österreich und Finnland. Aber die Oktroyierung von Neutralität durch einen Drittstaat widerspricht nicht nur dem völkerrechtlichen Prinzip der Selbstbestimmung, sondern auch etwa der Charta von Paris. Die russische Forderung vom 24. Februar, die Nato müsse zum Status von 1997 zurückkehren, das heißt von ihren derzeit dreißig Mitgliedern vierzehn, also knapp die Hälfte, ausschließen und damit die ihnen gegenüber eingegangene Beistandsverpflichtung brechen, zeigt, dass es Putin nie um ernsthafte Verhandlungen und keineswegs nur um die Ukraine ging. Der Konflikt hatte somit von Beginn an das Potential zu einem großen europäischen Krieg, ja, da die USA und Kanada wichtige Nato-Mitglieder sind, sogar zu einem Weltkrieg. Warum aber erfolgte der Angriff gerade jetzt – und was wäre sinnvollerweise dagegen zu tun?

Machtmensch ohne Grenzen

In dieser Zeitschrift habe ich schon 2015 zu erklären versucht, warum das heutige Russland viel gefährlicher sei als die Sowjetunion der 1970er Jahre.[14] Ich nannte dafür fünf Gründe: erstens die Verdrängung der halbwegs universalistischen Ideologie des Marxismus durch einen aggressiven Nationalismus, der Russland als natürlichen Herrscher Eurasiens deutet, zweitens die Ersetzung einer den Status-quo bewahren wollenden Politik durch den Wunsch, das verlorene zaristische Reich wiederherzustellen, drittens die hohe Intelligenz eines Autokraten mit absoluter Machtfülle, viertens den verzehrenden russischen Wunsch nach Anerkennung, der diesen Konflikt von den klassischen, von rationalen

---

[14] Vgl. Vittorio Hösle, Macht und Expansion. Warum das heutige Russland gefährlicher ist als die Sowjetunion der 70er Jahre, in: »Blätter«, 6/2015, S. 101–110.

Interessen geleiteten Kabinettskriegen unterscheidet, und schließlich fünftens die Wahrnehmung der Schwäche des »dekadenten« Westens. Das alles ist in den vergangenen Jahren nicht geschwunden; ja, speziell der fünfte Faktor hat sich enorm verstärkt. Der mit Putins Wahlkampfhilfe an die Macht gebrachte Donald Trump hat die Einheit des Westens in hohem Maße beschädigt; die USA selbst bleiben auch heute gespalten und sind intensiv mit sich selbst beschäftigt; die EU, durch den Brexit bedeutend geschwächt, hat sich zu keiner gemeinsamen Außen- und Sicherheitspolitik aufgerafft, die über symbolische Gesten wie die Schaffung eines machtlosen Hohen Vertreters hinausginge; die meisten Staaten der Nato, insbesondere der wirtschaftlich mächtigste in Europa, Deutschland, haben sich lange hartnäckig geweigert, sich dem 2014 nach der russischen Annexion der Krim ausgemachten Ziel der Erhöhung ihrer Verteidigungsausgaben auf 2 Prozent des Bruttoinlandsprodukts zügig anzunähern. (Der russische Einfall in Georgien 2008 hatte fast gar keine Reaktionen ausgelöst.) Erst recht haben der fluchtartige Abzug der westlichen Staaten aus Afghanistan und die Blamage ihrer Geheimdienste 2021 Putin davon überzeugt, der Zeitpunkt sei endlich gekommen, seinen Plan, an dem er seit über einem Jahrzehnt mit größter Willensstärke arbeitete, zu verwirklichen.[15]

Putin ist das, was ich in »Moral und Politik« einen »Kratiker« genannt habe – also ein Machtmensch, der die Wirklichkeit primär danach wahrnimmt, wieweit sie seinem Willen unterworfen werden kann.[16] Derartige Menschen haben einen außerordentlichen Sinn für die Mängel der anderen. Zweifelsohne hat Putin den

---

[15] Ich selber hatte erwartet, Putin würde bereits während der Amtszeit Trumps zuschlagen, der ihm vermutlich freie Hand gelassen hätte. Doch einerseits könnte er davon ausgegangen sein, Trump würde 2020 wiedergewählt werden, was ohne die Coronapandemie ja auch der Fall gewesen wäre. Andererseits könnten seine Kriegsvorbereitungen noch nicht ganz abgeschlossen gewesen sein, wie das Füllen der Kriegskassen angesichts der erwartbaren Wirtschaftssanktionen des Westens, die Unterdrückung des Internets und die immer intensivere Zusammenarbeit mit China.
[16] Vittorio Hösle, Moral und Politik, München 1997.

weitverbreiteten europäischen Friedenswunsch um jeden Preis und die manchmal geradezu infantile Anthropologie, die niemandem Böses unterstellt, als zentrale Schwäche wahrgenommen und hemmungslos für seine Lügen ausgenutzt. Bismarck hat die in Preußen unter seinem Vorgänger Otto Theodor von Manteuffel herrschende analoge Gesinnung, die alles auf moralisches Reden gründen wollte, aber sich anzuerkennen weigerte, dass diese im Ernstfall durch glaubwürdige Drohungen gedeckt werden müssten, brillant auf den Begriff gebracht: »Der Grundirrtum der damaligen preußischen Politik war der, dass man glaubte, Erfolge, die nur durch Kampf oder durch Bereitschaft zu demselben gewonnen werden konnten, würden sich durch publizistische, parlamentarische und diplomatische Heucheleien [...] erreichen lassen. [...] Man nannte das später ›moralische‹ Eroberungen: es war die Hoffnung, dass andere für uns tun würden, was wir selbst nicht wagten.«[17]

Was also tun?

Europas Strategie der moralischen Eroberungen durch ständige Einladungen zurück an den Verhandlungstisch ist jedenfalls gescheitert. Eine Eroberung ganz anderer Art geht derzeit vor sich, bei der Flammenwerfer nicht mehr im bloß metaphorischen Sinne am Werk sind. Endlich hat auch die deutsche Regierung den Ernst der Lage begriffen. Man kann der ehemaligen Verteidigungsministerin Annegret Kramp-Karrenbauer nur recht geben, die am 24. Februar erklärte, sie sei so »wütend auf uns, weil wir historisch versagt haben«. Angesichts aller sich anhäufenden Indizien eines großen Krieges wurde in den vier Regierungen von Angela Merkel sicherheitspolitisch eine Vogel-Strauß-Politik betrieben (wie in den 1930er Jahren in Frankreich und Großbritannien), ja sogar die energiepolitische Abhängigkeit von Russland weiter vertieft. Vermutlich spielte neben dem Unwillen, die für die eigene Wiederwahl

---

[17] Otto von Bismarck, Gedanken und Erinnerungen, Stuttgart und Berlin 1919, I.3.3.

wichtigen Sozialausgaben zugunsten von Verteidigungsausgaben zurückzudrängen, die Weigerung eine Rolle, sich das Schreckliche eines neuen großen Krieges auszumalen, ja die Schwierigkeit, sich vorzustellen, jemand könne überhaupt ein so großes Risiko eingehen.

Stalin glaubte analog nicht der britischen Warnung vor dem deutschen Überfall 1941; und schon Athenagoras erklärte bei Thukydides den Syrakusanern, während die Athener auf ihre Stadt zusegelten, sie könnten keine bösen Absichten haben, weil das zu riskant für sie wäre.[18] In der Tat: Sowohl die Athener als auch die Deutschen wurden am Ende vernichtend geschlagen. Aber nach wie viel Leid für ihre Gegner!

Doch ist die Analyse der Fehler der Vergangenheit Historikern zu überlassen. Was das Heute angeht, so ist endlich in Deutschland ein überparteilicher Konsens (mit Ausnahme der zwei Parteien an den beiden Enden des politischen Spektrums) gewonnen, Putin sei nicht mehr zu trauen. Die EU hat ungewohnt geschlossen gehandelt; die Zusammenarbeit mit den USA, innerhalb und außerhalb der Nato, und mit anderen Demokratien wie Japan funktioniert; die Verurteilung Russlands in der Sitzung »Uniting for Peace« der Generalversammlung der Vereinten Nationen durch 141 Staaten (bei 35 Enthaltungen und 5 Nein-Stimmen) am 2. März war ein beeindruckender diplomatischer Erfolg. Schwere wirtschaftliche Sanktionen gegen Russland wurden rasch beschlossen, und sie haben schnell die Währung und den Aktienmarkt des Landes abstürzen lassen. Die energiepolitische Abhängigkeit mehrerer westlicher Staaten von Russland soll gemindert werden, eine Verstärkung der Bundeswehr, die nach Heeresinspekteur Alfons Mais »blank« dasteht, ist beschlossen worden, die Ostflanke der Nato wird schon verstärkt, und der Ukraine sind Waffen geliefert worden, auch wenn sie ihre Niederlage vielleicht nur verschieben können. Denn die Nato hat zu Recht einen Einsatz außerhalb des Bündnisgebietes abgelehnt – andernfalls droht die Gefahr eines

---

[18] Thukydides, Der Peloponnesische Krieg, Stuttgart 2021, VI 36 ff.

Dritten Weltkrieges, zudem wird es der Nato schwer genug fallen, das eigene Territorium zu verteidigen, sollte es angegriffen werden.

Menschenleben zählen kaum

Und das ist durchaus möglich. Zwar kann man nur aus ganzem Herzen hoffen, dass die wirtschaftlichen Sanktionen etwa bei den russischen Wirtschaftseliten dazu führen, dass sie Druck auf ihre Regierung ausüben. Doch sollte man darauf nicht vertrauen.

Erstens gibt es keine reale staatsrechtliche Möglichkeit, Putin zum Einlenken zu bewegen, und er scheint zu allem entschlossen. Menschenleben zählen für ihn kaum, auch diejenigen junger russischer Soldaten nicht, warum sollte er da auf die Wirtschaft mehr Wert legen?

Zweitens bricht Eisen Gold – schon Machiavelli lehrt, Soldaten könnten sich das erforderliche Geld nehmen, aber Geld nicht so leicht die erforderlichen Soldaten.[19] Die Demokratie hat nur dann eine Chance gegen die Autokratie, wenn ihre Bürger bereit sind, ihre Freiheit notfalls auch mit Gewalt zu verteidigen – wenn sie also nicht von postheroischen Bürgern dominiert wird. Denn diese haben keine Chancen gegen solche, die zu sterben und zu töten willens sind.[20] Nur wenn die Nato über genügend kampfbereite Soldaten verfügt, um einen Angriff abzuwehren, ist sie davor gefeit, dass Putin noch über die Ukraine hinausgreift.

Als Nächstes könnte Putin – nach möglichen Interventionen in der Moldau, Georgien und dem Westbalkan, wo er schon dabei ist, Bosnien-Herzegowina, einen der wenigen außenpolitischen Erfolge der EU, zu zerstören – ein EU-Land angreifen, das nicht Nato-Mitglied ist. Immerhin hat er Schweden und Finnland für den Fall der Beantragung einer Nato-Mitgliedschaft bereits gedroht; und der Besitz Gotlands ist strategisch wichtig für einen möglichen

---

[19] Vgl. Niccolò Machiavelli, Discorsi, Berlin 2000, II 10, 18 und 26.
[20] Immerhin findet man in Osteuropa und den USA mehr heroische Demokraten als in Westeuropa.

Angriff auf das Baltikum mit See- neben Luft- und Landstreitkräften. Schließt Russland die nur 70 km lange Suwalki-Lücke zwischen Belarus, wo es sich inzwischen frei bewegt, und der Exklave Kaliningrad, wird es sehr schwierig sein, das Baltikum zu verteidigen. Denn damit wäre die einzige Nato-Verbindung zwischen Polen und dem Baltikum gekappt. Dass derzeit in St. Petersburg eine große Ausstellung zu Peter dem Großen stattfindet, der bis 1918 das Baltikum Russland einverleiben konnte, ist vermutlich kein Zufall. Putins Macht beruht zu großem Teil auf seiner Wahrnehmung der Furcht der anderen. Deshalb droht er auch mit dem Einsatz von Atombomben. Wenn der Westen dagegen ankündigt, er würde auf jeden Fall vor der Androhung mit oder Verwendung von Atomwaffen aufgeben, hat er schon verloren. In einer solchen Krise Kaltblütigkeit zu bewahren, wird nicht einfach sein, weil nur wenige sich innerlich darauf vorbereitet haben. Zudem ist es ein großes Handicap des Westens, dass er, anders als 1939 und anders als Russland heute, das in Syrien für einen europäischen Krieg geübt hat, kaum über kriegserfahrene Politiker und Soldaten verfügt.

Abb. 7: Europe and Russia (2001)

Aufgeben ist keine Lösung

Sollte man dann nicht einfach aufgeben, wenn man von jemandem bedroht wird, dem auch der eigene Tod nichts mehr ausmacht, da Abschreckung dann nicht mehr funktioniert? Dagegen ist folgendes zu bedenken: Wenn Putin wirklich als neuer Wladimir der Große verehrt werden will, mag er zwar sich selbst durch einen Atomschlag opfern, aber Verehrer braucht er dann doch. Und zweitens betätigt nicht er selbst die Atomwaffen, sondern sein Militär. Dass dieses angesichts der drohenden Katastrophe putschen könnte, ist eine legitime Hoffnung, auch wenn die Rosgvardia Putin schützt. Drittens schließlich würde die Auffassung, man müsse sich dem mit der atomaren Vernichtung Drohenden unterwerfen, nach dessen Triumph Nachahmer auf den Plan rufen, die die Welt ebenso gefährden würden, wie es der erste tut. Zudem ist das Endresultat dieser Logik, dass stets der Brutalste herrschen wird.

Die aktuelle Lage ist zweifellos schlimm genug. Doch sie wird noch schlimmer werden, falls 2025 Donald Trump ins Weiße Haus zurückkehrt, dessen Sympathien für Putin aktenkundig sind. Um so wichtiger scheint es mir, dass der Westen zu einer tiefen Verständigung mit China gelangt – unweigerlich unter Aufgabe zahlreicher eigener Positionen. Aber wie Churchill mit Stalin zusammenarbeiten musste, um Hitler zu besiegen, so muss der Westen begreifen, dass China, wenn auch eine Autokratie, in anderer Weise rational denkt als Putins Russland. Die russisch-chinesischen Beziehungen haben sich erst kürzlich gebessert; und es war ein weiterer Akt mangelnder Staatskunst des Westens, es dahin kommen zu lassen. Aber China kann nicht wünschen, dass Putin Vabanque mit der Welt spielt. Sich erst innerhalb des Westens dahingehend zu einigen, wie man sich mit China verständigen kann, und dies dann zielstrebig anzugehen, um Putin einzudämmen, ist vermutlich in dieser seit 1945 gefährlichsten Epoche für das Projekt der westlichen Demokratie das eigentliche Gebot der Stunde.

5. Der Maler als Prophet

In der philosophischen Ästhetik tobt seit mindestens zwei Jahrhunderten ein Kampf zwischen Gehalts- und Formalästhetik. Vereinfacht gesprochen, konzentriert sich die Gehaltsästhetik auf die Inhalte, die ein Kunstwerk mitzuteilen sucht, die Formalästhetik auf die Formen, in denen das geschieht. Die Gehaltsästhetiker sprechen von der Wahrheit und dem kognitiven Gehalt der Kunst, die Formalästhetiker von dem schönen Formenschatz, der im Kunstwerk zur Geltung kommt, das als autonomes Universum gilt. Die reichen Bezüge innerhalb dieses Universums, und solche zwischen dem Kunstwerk und anderen Kunstwerken, stehen im Zentrum ihrer Aufmerksamkeit. Der Anspruch des Kunstwerks, darüber hinaus sich auf die Wirklichkeit zu beziehen, gilt als obsolet.

Nun besteht kein Zweifel, dass das Kunstwerk eine in sich geschlossene, durch formale Merkmale charakterisierte Welt bildet und dass Fiktionalität ein Wesensmerkmal von Kunst ist. Der Künstler ist kein Wissenschaftler; er darf, ja, soll von den Fakten der Wirklichkeit abweichen. Aber – und das begreift der Formalismus meistens nicht – er soll das gerade deswegen, weil die Abweichung von den Fakten ihm erlaubt, tiefere Strukturen der Wirklichkeit darzustellen, in der wir alle leben. Gewiss ist die formale Gestaltung der eigenen Einsichten in einem Kunstwerk unabdingbar. Aber wirklich große Kunst ist beseelt von sachlichen Einsichten, die sie mitteilen will – sie ist kein bloßes Spiel mit Formen.

Maxim Kantors Sonderstellung innerhalb der gegenwärtigen Kunst besteht nicht einfach in seiner Phantasie und Ausdruckskraft, seiner unerschöpflichen Arbeitsfähigkeit, seiner großartigen Kenntnis der abendländischen Kunstgeschichte, die stets im Hintergrund auch seiner gewagtesten Verfremdungen mitschwingt, seinem heroischen Mut, seinem hohen Sinn für Gerechtigkeit, seiner Empathie und seiner tief christlichen Religiosität. Wie dieser Katalog beweist, war Kantor einer der sehr wenigen, der aufgrund einer außerordentlichen, durch sehr breite historische Kenntnisse gestützten politischen Intelligenz seit langem vorhergesehen hat, wohin die Reise gehen würde, die Russland 2000 unter Putin begonnen hat. Zwar hat sich der Westen bis zum Februar 2022 weitestgehend Sand in die Augen streuen lassen, sicher auch weil es viel bequemer war, nicht zu sehen, was sich da langsam, aber unweigerlich vorbereitete und was von hellsichtigen und verantwortlichen Regierungen einerseits eine militärische Aufrüstung, andererseits ein rasches Zurückfahren der Energieabhängigkeit von Russland verlangt hätte. In Wahrheit haben sich die europäischen Eliten ganz wie Gottlieb Biedermann in Max Frischs Drama »Biedermann und die Brandstifter« mit den Brandstiftern nicht nur arrangiert, sondern sich mit ihnen gemein gemacht und sie bei der finanziellen Vorbereitung ihrer Aktivitäten unterstützt. Jetzt, wo die Ukraine in Flammen steht – und vielleicht bald weitere Teile Europas –, ist es höchste Zeit, sich Kantors künstlerische Deutung der letzten Jahrzehnte anzusehen, um zu verstehen, was passiert, und das Schlimmste von dem zu verhindern, das noch droht.

»Ruinen des Reiches« von 1992 ist ein ergreifendes Zeugnis dessen, was auf den Zusammenbruch der Sowjetunion Ende 1991 folgte: Gewalt, Armut, Verlust der eigenen Würde dank des Verstoßens von Millionen, denen durch Arbeitslosigkeit und den Verlust der Pensionen der Lebensunterhalt entzogen wurde, unter die Erniedrigten und Beleidigten. »Der Staat« von 1995 führt frühere Bilder Kantors fort, die in parodistischem Anschluß an Platons *Politeia* die drei sozialen Schichten der Sowjetunion abbildeten, die Ideologen-Machthaber im Zentrum, den Polizeiapparat in der Mitte und die normalen Untertanen am Rande. Im neuen Gemälde sehen wir neben den Machthabern, deren ausdruckslose Gesichter mit höchst expressiven Händen kontrastieren, die primär damit beschäftigt sind, Konkurrenten aus dem Wege zu räumen, ganz außen das einfache Volk, das weiterhin von einem brutalen Repressionsapparat, u.a. mithilfe bellender Hunde, in Schach gehalten

5. Der Maler als Prophet 151

wird. Doch es gibt jetzt eine vierte Schicht, die die Profiteure der neuen Gesellschaft sind. Sie feiern, kopulieren auf originelle Weise, musizieren und tanzen. Der Übergang zum Raubtierkapitalismus der 1990er Jahre war nur möglich dank der sogenannten Oligarchen, die im Chaos des Zerfalls riesige Reichtümer akkumulierten, indem sie sich Staatseigentum unter die Nägel rissen. »Der Tanz der Diebe« von 1995 stellt diese Profiteure dar, während für die meisten Menschen »die offene Gesellschaft« (2002), die etwa Karl Popper pries und Kantor in etwas anderer Form abbildet, in einer Mangelwirtschaft und Massenarmut endete, dem Resultat der wirtschaftlichen Schocktherapie unter Boris Jelzin.

In dieser chaotischen Situation wählte der Trunkenbold Jelzin zuerst als Ministerpräsidenten, dann 2000 als seinen Nachfolger im Präsidentenamt den früheren Geheimdienstoffizier Wladimir Putin aus (»Schützt Russland«)[21]. Auf Jelzins Schoß sitzend, wirkt er bei Kantor wie eine Puppe; doch bald erweist sich Putin als treuer Nachfolger Stalins (»Es passt fast«). Beide Graphiken stammen aus dem Zyklus »Vulcanus« von 2010, also aus einer Zeit, in der der Westen für Putin schwärmte, der sich damals mit der Rolle des Ministerpräsidenten begnügte. In demselben Jahr entstand ein Portrait Putins, das seinen absoluten Machtwillen und seine Grausamkeit großartig erfasst; der Blick zeugt von Hass und Ressentiment, die übergroßen Ohren symbolisieren die totale Überwachung der Untertanen.[22]Unter Putin werden die »Parlamentsdebatten« endgültig zu Scheindebatten, der »Austausch der Eliten« zu einem Wechsel von Spielzeugen.

Kantors Zyklus »Ödland« verbindet Graphik und Holzschnitt, Schwarz und Rot – jene weist auf das europäische, dieser auf das asiatische Element im russischen Nationalcharakter, den das Werk »Sphinx« genial auf den Begriff bringt. Besonders eindrucksvoll ist »Die Chimäre Eurasiens«.[23] Der Begriff Eurasiens spielt ja eine zentrale Rolle in der seit langem ausgearbeiteten Ideologie

---

[21] Hier im Band auf S. 81.
[22] Hier auf S. 41.
[23] Hier auf S. 44.

des Putinismus, nach der Russland der natürliche Herrscher über Eurasien ist. Man geht schwerlich fehl, wenn man im roten Gesicht ein Abbild Hitlers erkennt – denn die Theorie eurasischer Geopolitik ist ein zeitgenössisches Gegenstück zum nationalsozialistischen Rassismus. (Die unvermeidlich kriegerischen Folgen der »Geopolitik« werden in einer Variante der Kentaurenschlacht deutlich gemacht.) Beim Flirt Asiens (in diesem Falle Russlands) mit Europa benutzt es zwar eine europäische Maske, aber die asiatische Realität bleibt bestehen, auch wenn Europa sie nicht sehen kann oder will.[24]

Ohne Zweifel war die Annexion der Krim und die Unterstützung der Kämpfe in der Ostukraine ein wichtiger Einschitt in der Herrschaft Putins, nämlich eine massive Verstärkung der 2008 in Georgien begonnenen Wendung zur Verletzung des Völkerrechts und zur Gewaltanwendung in den internationalen Beziehungen. Kantor hat schon 2014 und 2015 das furchtbare Leiden, das dieser Krieg mit sich brachte, insbesondere dasjenige der Flüchtlinge, großartig dargestellt, in zwei Bildern mit dem Titel »Flüchtlinge«, in denen er sich und seine Familie, in dem früheren auch mit den Enkeln durch den Sohn der ersten Ehe, darstellte. »Reisende Komödianten« greift auf brillante Weise Pablo Picassos »Les Saltimbanques« (»Die Gaukler«) auf, auch wenn das Harlekingewand nun nicht von einer Figur getragen wird, die den Künstler selber darstellt, sondern von deren Sohn.[25] Während Picassos Gauklerfamilie eine Ruhepause einlegt, ist diejenige Kantors höchst eilig unterwegs – das verbindet sie mit den Flüchtlingen. Der Familienvater stützt sich mit der Linken auf die Hand eines etwa gleichaltrigen Mannes, eines Freundes oder Bruders. Ihm, der die Vorhut bildet, entspricht als Nachhut ein alter Mann, der eine schwere Bücherkiste trägt. In ihm ist der bedeutende Philosoph und Kunsthistoriker Karl Kantor dargestellt, Maxims Vater. Man erkennt die Grundwerte Kantors: Familie, Freundschaft, Kultur.

---

[24] Hier auf S. 147.
[25] Hier auf S. 14 und dem Titelblatt.

Diese werden bedroht durch das drachenartige Wesen mit Krone (»Er ist hinter Euch«), ein offenkundiges Symbol Putins. Dass sein Gesicht einem Totenschädel gleicht, deutet darauf hin, dass dieses Wesen nur Zerstörung hinterlassen wird. In dem Graphik-Zyklus »Die Balladen von Robin Hood« sehen wir den Drachen, von getreuen Gefolgsleuten umrahmt, »im Vormarsch«;[26] er spielt mit einem anderen König »Schach«, wohl um die Welt, und beobachtet einen Totentanz, während fast der ganze Sand in den unteren Kolben eines Stundenglases rinnt.

In dem Gemälde »Versuchung des Heiligen Antonius« erscheint der Drache als eine Grauens-Vision des einsamen Mannes im roten Pullover mit einem Buch zwischen den Händen, der ebenfalls Karl Kantor darstellt. Das Bild begnügt sich freilich nicht damit, das Scheusal mit seinem riesigen, vollgefressenen Bauch wiederzugeben. In einer Hand hält es einen Fisch, der einen anderen Fisch frißt, der einen dritten verschlingt – ein Thema, das wir auch aus der Graphik »Haifischverzehrer« kennen. Das Gesetz der Rechtlosigkeit, dass der Stärkere den Schwächeren verspeist, ist das Prinzip der Gewaltherrschaft des Drachens, und es wird auch von seinen Untergebenen befolgt. Die Schweine (eines mit Brille scheint ein Intellektueller zu sein) sind Stützen seiner Macht; eines mit auf der Brust gefalteten Pfoten scheint sich geradezu devot auf den Herrscher zu richten.

»Brauner Frühling« von 2016 zeigt eine Masse von Menschen, Tieren und fiktionalen Wesen, die teilweise Hieronymus Bosch entnommen sind, auf ihrem Marsch durch eine Straße. Vorne führt ein Mann mit nacktem Oberkörper, der eine Axt in seiner Hand hält; man weiß, wer gemeint ist. Einige aus der Menge tragen Bilder des Führers, die das Niveau von Kinderzeichnungen haben; einige Männer strecken ihre Arme wie zum Hitlergruß aus. Denn Tyrannei kann nur funktionieren, wenn es, neben einigen engagierten Gefolgsleute, auch viele Mitläufer gibt. Der Titel deutet darauf hin, dass, wie Kantor in seinen sehr erhellenden theoretischen politischen Analysen gezeigt hat, die heutige Ideologie Russlands

---

[26] Hier auf S. 129.

aufgrund ihres aggressiven Nationalismus stärkere Ähnlichkeiten mit dem Nationalsozialismus als mit dem Leninismus hat.

Wohin wird das Ganze führen? Das Schädelmotiv in der »Vergewaltigung der Europa (bzw. Europas)«, in »Drei Schädel« und »Schädel eines Stieres« deutet auf ein apokalyptisches Ende. Das von Seeungeheuern bedrohte, von Nixen umschwommene »Schiff Europas« befindet sich in einer außerordentlichen Gefahrenlage, gegen die auch die Kanonen an Bord schwerlich etwas ausrichten können. Die Fülle an lächerlichen Figuren im Mastkorb des »Narrenschiffes«[27] erhöht nicht das Vertrauen, dass dieses Schiff den richtigen Kurs finden wird. Ist es identisch mit dem Schiff Europas? Auch was die Crew des viel kleineren »trunkenen Bootes« betrifft (Kantor spielt auf Arthur Rimbauds »Le bateau ivre« an), fällt es schwer, optimistisch zu sein.

Wird wenigstens die »Arche« einen Kernbestand der europäischen Kultur retten? Oder wird am Ende der »Herr der Welt« auf dem ganzen Globus sitzen, wie in einer der jüngsten Darstellungen Kantors? Oder wird gar unsere Erde nach einem nuklearen Krieg in eine Schädelstätte verwandelt werden? (Spielen darauf »die vier Reiter« aus dem Zyklus »Metropolis« an, die den dritten Holzschnitt aus Albrecht Dürers »Apocalipsis cum figuris« variieren? Eine der Figuren ist bei Kantor weiblich, halb Mensch, halb Wölfin; eine andere repräsentiert mit einem roten Quadrat die von Kantor abgelehnte formalistische Kunst, als deren Ahnherrn er Kasimir Malewitsch betrachtet, den Schöpfer des berühmten schwarzen Quadrats, der bei Kantor jedoch als rot erscheint, weil ihm dies die Farbe Asiens ist, die die Individualität nicht so anerkennt wie Europa.)

Kantor gibt keine Antworten auf diese quälenden Fragen. Aber seine teils verstörende, teils erhebende Kunst hilft uns, die Welt besser zu verstehen und die gegenwärtigen Gefahren realistischer einzuschätzen, sie beflügelt unsere Sorgen ebenso wie unsere Hoffnungen, und sie stärkt das Bewusstsein, dass es einen objektiven Unterschied zwischen Gut und Böse gibt und dass wir die Pflicht

---

[27] Hier auf S. 117.

haben, das erstere zu befördern, das letztere zu bekämpfen. Dass es ein ursprünglich russischer, heute im Exil lebender Künstler ist, der uns auf so tiefsinnige und zugleich aufwühlende Weise belehrt, hat den weiteren Vorteil, uns vor dem Trugschluss zu bewahren, der darin bestünde, die russische Kultur mit ihrer derzeitigen Regierung zu identifizieren. Russland ist auch heute noch viel mehr mehr als Putin. Denn die russische Kultur hat, unter anderem, Maxim Kantor, einen der größten Künstler unserer Zeit.

Abbildungsverzeichnis

Abb. 1: Maxim Kantor, Travelling Comedians (2015), Öl auf Leinwand, 196 x 306

Abb. 2: Maxim Kantor, Putin (2010), Pastell auf Papier, ungerahmt, 21 x 29,7

Abb. 3: Maxim Kantor, Chimera of Eurasia (2001), Radierung und Holzschnitt (gerahmt), 68 x 54

Abb. 4: Maxim Kantor, Keep Russia Safe (2001), Radierung und Holzschnitt (gerahmt), 90 x 60

Abb. 5: Maxim Kantor, Ship of Fools (2019), Öl auf Leinwand, 160 x 140

Abb. 6: Maxim Kantor, On March (2001), Radierung und Holzschnitt, ungerahmt, 50 x 100

Abb. 7: Maxim Kantor, Europe and Russia (2001), Radierung und Holzschnitt (gerahmt), 68 x 54

Zu Maxim Kantor: Der 1957 in Moskau geborene Künstler, Dramatiker und Essayist ist ein aufmerksamer Beobachter, der politische Entwicklungen – insbesondere seines eigenen Landes – mit kritischer Besorgnis nachzeichnet. Macht und Machtmissbrauch sind beherrschende Themen in seinen Werken. Kantor studierte von 1975 bis 1980 am Polygraphischen Institut in Moskau und gründete 1983 eine unabhängige Künstlergruppe, die unter dem Namen „Krasny Dom" („Das rote Haus") im Moskauer Untergrund bekannt wurde. Eine seiner bis dato bedeutendste Ausstellungen fand 1984 am Philosophischen Institut in Moskau statt. Im Jahre 1997 repräsentierte Kantor die Russische Föderation bei der 47. Biennale di Venezia mit einer Einzelausstellung. Als Maler ist Kantor international aktiv, in Russland wie auch in vielen europäischen Ländern. Seine Gemälde befinden sich in mehreren Museen auf der ganzen Welt, wie der Tretjakow-Galerie, dem Russischen Museum, dem Staatlichen Kunstmuseum Nowosibirsk, dem British Museum, dem Sprengel Museum, dem Städel Museum, der Nationalgalerie Berlin, dem Museum Ulster, der National Gallery of Australia (Canberra), dem Luxemburgischen Nationalmuseum sowie in etwa zwanzig anderen Museen und Privatsammlungen.